이것은 사라진 아이들에 대한 기록이다

우리는 태어난 아이들을 어떻게 대해 왔는가

이것은 사라진 아이들에 대한 기록이다

권희정 지음

날

일러두기

- 3장에 보호 종료 청년들 인터뷰가 실렸는데, 인터뷰 내용은 인터뷰이 허락을 거쳤다. 실명도 허락받고 표기했다.
- 성씨 다음에 오는 존칭어 '씨'는 띄어 쓰는 것이 원칙이나 이 책에서는 가독성을 높이기 위해 모두 붙였다. 또한 성명 뒤에 오는 존칭어 씨는 모두 생략했다.
- 책명·언론사명은《 》로, 기사 제목·논문·단편 글·영화 제목·단체명·법률명은 〈 〉로 표기했다.

인간에게는 인류 기원설이 있고, 국가에는 건국 신화가 있으며, 영웅에게는 탄생 설화가 있다. 우리 각자도 이와 비슷한 이야기를 품고 있다. 우리는 자라면서 시시때때로 듣는다. 엄마가 어떤 태몽을 꾸었는지, 임신 중에 어떤 음식을 즐겨 먹었는지, 또 내가 태중에서 얼마나 힘차게 엄마 배를 찼는지, 막 태어났을 때 모습은 어땠는지 등등.

이런 이야기들이 '나'라는 정체성을 구성한다. 물론 즐거운 이야기만 있지는 않다. 그렇더라도 그 이야기들이 모여 내가 된 것은 분명하다. 이후 다양한 관계를 맺으며 나의 정체성은 더 확장된다. 나의 역사가 만들어지는 것이다.

그런데 처음부터 정체성의 토대가 비었거나 훼손된 이들

이 있다. 부모가 누구인지 모르거나 자신이 누구인지 모른 채 보육시설이나 입양가정 등에서 성장하는 아이들이다. (다 그런 건 아니겠지만) 이들 중 많은 이가 인생의 시작점에서 맴돈다. 평생을 자신이 누구인지 묻다 생을 마치기도 한다. 훗날 본인이 결정한다면 모를까, 애초부터 원가족[♦]과 살 기회를 박탈하는 건 엄연한 인권 침해 아닐까. 이들은 왜 원가족과 살 수 없었을까. 왜 자신이 누구인지 기본 정보도 알 수 없게 된 것일까.

1989년 11월 유엔^{UN}은 만장일치로 〈아동권리협약〉을 채택했다. 모든 아동은 부모를 알권리가 있고, 최대한 원가족의 돌봄을 받으며 성장할 권리가 있음을 명시했다. 우리나라는 1991년 이 협약에 비준했다. 협약 내용을 지키겠다고 약속한 것이다. 그대로라면 국가는 태어난 아이들이 원가족과 잘 살수 있게 도와야 하는데, 과연 그랬는가. 최근 도입된 보호출산제만 봐도 회의적이다.

이 책은 결혼제도 밖에서 태어났다는 이유로, 가난한 형편 때문에, 딸이라는 이유로, 또 다른 이유로 태어나자마자 살해되었거나 버려진 아이들, 나이가 찼다는 이유로 별 보호막 없

원가족 태어난 출생가족birth family을 뜻한다.

이 사회로 내몰린 보호 종료 청년, 부모가 있는데도 고아가 되어 국내외로 떠밀려 간 입양인들 등 우리 사회에서 무심했거나 사라진 아이들에 대한 기록이다. 어떻게 하면 아이들이 원가족을 알고 그들의 보호를 받으며 성장할 수 있는 사회를 만들 수 있을까. 이 고민이 책의 출발점이다.

태어난 아이들이 잘 살아야 태어날 아이들도 잘 살 수 있다. 이 단순한 사실을 국가와 사회가 명심하고, 이를 토대로 아동 관련 정책이 수립되길 희망한다. 마지막으로 이 책이 보육 시설에서 자랐거나 입양가정에서 자란 이들에 대한 편견이나 선입견을 만들어 내지 않길 바란다.

차례

3장. **방임**

4장. **입양**

1장

살해

새끼를 죽이는 암컷들

1981년 영장류학자 세라 블래퍼 허디가 낸 《여성은 진화하지 않았다》[1]는 진화생물학계를 뒤흔들었다. 이 책이 남성 진화생물학자들이 규정한 여성성 또는 모성이란 것이 얼마나 왜곡되었는지 증명했기 때문이다. 일례로 다윈을 비롯한 남성 진화생물학자들은 수컷은 능동적인 반면, 암컷은 새끼를 돌보고 양육하는 데에만 많은 에너지를 쏟는 수동적인 존재로 본다. 이런 시각은 아주 오랜 시간 세계를 지배해 왔다.

허디는 반발했다. 암컷이 그런 존재기만 했다면 결코 진화할 수 없었다는 것이다. 암컷도 수컷만큼이나 능동적인 존재였다. 서열 경쟁에서 승리한 수컷은 패한 수컷을 죽이거나 쫓아낸다. 그 수컷의 새끼도 죽인다. 어미 어깨에 매달려 있거나, 등에 업혀 있거나, 허리에 감겨 있던 새끼가 어느 날 승리자 수컷

13

에게 살해당하는 것이다. 이때 어미들은 가만있지 않는다. 자기 새끼를 죽이는 등의 패악을 저지르고 공동체 질서를 무너뜨리는 침입자 수컷이 있으면 다른 암컷들과 연대해 쫓아낸다. 쫓아낼 수 없는 경우엔 새로운 수컷 우두머리를 받아들인다. 번식과 진화를 위한 '적과의 동침' 전략이다. 또한 암컷은 새끼가 죽임당할 경우를 대비해 다양한 번식 파트너를 둔다. '난잡성'을 진화 전략으로 삼는 것이다.

　　이런 허디의 근거는 많은 공격을 받았다. 하지만 곧 사실로 밝혀지면서 지지를 얻기 시작했다. 수컷 중심의 진화사도 당연히 바꾸어 놓았다. 암수가 서로 영향을 끼치며 함께 진화해 왔음을 인정하는 공진화가 정설이 되었다.

모성에 대한 오해

허디는 1999년 《어머니의 탄생》[2]을 출간했다. 인간 여성을 비롯한 암컷의 본성을 연구한 책이다. 아마존 저지대와 아프리카 등지의 부족들이 주 연구 대상이었다. 이 책에서 허디는 다음 질문을 던진다.

"만약 아기에 대한 여성의 사랑이 본능적이라면 긴 역사와 여러 문화에 걸쳐 어머니 스스로 아기를 돌보지 않거나, 아기의 죽음에 직접적이고 간접적인 영향을 준 사례가 왜 그토록 많은가."[3]

허디에 따르면, 1780년 경찰 자료만 봐도 파리 같은 도시에서는 태어난 아기의 대다수(95퍼센트)가 유모에게 보내졌다. 동물 세계를 봐도 그렇다. 모든 암컷이 새끼를 낳아 기르는 일에 충실한 건 아니다. 암컷은 자기 나이와 신체 조건, 그리고 처한 환경에 따라 새끼를 낳을지 말지 결정한다. 새끼에게 헌신할지 말지, 또한 얼마나 헌신할지도 자신의 상황과 주변에 도와줄 존재가 있는지에 따라 결정한다. 이를테면 짝을 잃고 혼자가 된 경우 공동체로부터 양육의 도움을 받을 수 없다면 새끼들을 혼자 기르기보다 죽이는 쪽을 선택할 수 있다는 것이다. 캘리포니아쥐가 그 예다. 어미 쥐들은 양육을 도울 수컷이 없다면 새끼를 낳은 후 바로 죽인다.

설치류 일부는 출산 전에 낳을지 말지를 결정하기도 한다. 예를 들면 집쥐, 흰발생쥐, 정가리언햄스터, 목깃레밍 그리고 들쥐 일부는 임신 중에 자신의 새끼를 죽일 수도 있는 낯선 수컷이 침입하면 태아를 흡수해 버린다. 즉 뱃속의 새끼를 분해해 조직과 영양분 등을 흡수해 버림으로써 임신을 중단하는 것이다. 허디는 이것이 "효과적인 초기 중절"이고, "태어난 후 뒤늦게 새끼를 잃는 더 큰 슬픔을 피하기 위한 것"[4]이라고 분석했다.

인간 여성도 크게 다르지 않다. 생물학뿐 아니라 역사학, 인류학, 인구학 분야 연구 결과에서도 자식을 돌보지 않는 어머니들이 발견된다. 허디에 따르면, "영아기는 우리가 상상하듯 항상 따뜻한 사랑의 품 안에 안전하게 안긴 그림 같은 장면"[5]은 아니었으며, 각 개인이 위험천만한 과정을 거치며 지나가는 기간이다. 자식을 낳아 기르는 데 평생을 희생하는 '어머니'와 거리가 먼 어머니들은 역사적으로 광범위하게 존재해 왔다.

이런 역사적 자료는 모성은 타고나는 것이 아님을 증명한다. 그럼에도 왜 여전히 여성이면 모성을 타고난다고 믿는 사람이 많은 것일까. 양육의 책임을 여성에게만 지우려는 사회의 계략일까.

유기와 살해의 이유

암컷이 새끼를 유기하거나 살해하는 일은 생물이 진화해 오는 동안 계속 있었다. 암컷은 일정한 조건이 충족되면 새끼를 생존시켰다. 그 조건이란 바로 양육할 수 있는 '자원'이다! 여기서 자원이란 먹이는 물론 자신을 도와 함께 양육하는 존재를 말한다. 이들을 인류학에서는 '돌봄꾼helper' 또는 '대행부모/대행어미allomother'라고 한다. 이들은 젖을 물리거나 먹이를 주거나 위험에서 보호해 주는 등 부모가 하는 유형의 돌봄을 제공한다. 코끼리, 난쟁이몽구스, 프레리도그, 사자, 목도리여우원숭이, 꼬리감는원숭이, 그리고 박쥐처럼 어미가 모계 혈육과 함께 사는 경우에 자주 보고된다.[6]

인류학 연구 자료에 따르면, 수렵채집 사회에서부터 놀라울 만큼 광범위하게 대행부모가 존재해 왔다. 가령, 남아메리카에 사는 작은 솜모자타마린(비단원숭이과에 속하는 포유류의 일종) 어미는 대부분 쌍둥이를 낳고 가끔 세쌍둥이도 낳는데, 수컷 그리고 집단의 다른 구성원의 도움을 받아 새끼를 기른다. "수렵채집인을 포함한 영장류 어미들은 언제나 다른 이들과 함께 자식 돌보는 일을 나눠 왔"[7]으며, "주변에 새끼 기르는 일을 도와줄 존재가 있는 한, 아주 운이 없는 아이들도 부모가 원하는 아이가 된다."[8]

하지만 대행어미의 손을 빌릴 수 없는 경우 대다수의 솜모자타마린 어미는 새끼 여러 마리를 기르는 힘든 임무에서 벗어나려 한다. 자신이 돌볼 수 있을 만큼의 새끼만 남기고, 나머지는 대개 출산 후 72시간 안에 버린다.[9] 허디는 인간 세계에서 벌어지는 영아 유기와 살해도 이런 맥락에서 살펴본다.

영아 살해를 생각할 수 없는 곳, 아기에게 젖을 물리기 위해 다른 여성을 고용해 아기를 보내는 일이 없는 곳, 그리고 아기를 길거리에 버리는 일도 없고 포대기에 싸서 나무에 매다는 일이 없는 곳은 여성이 어느 정도 번식의 자율성을 갖고 있으며, 제법 믿을 만한 형태의 피임법을 이용할 수 있는 사회일 가능성이 크다. 아니면, 어머니의 보살핌의 일부를 대행어머니에게 위임할 수 있는 사회적 관습이나 제도를 자신의 재량에 따라 이용할 수 있는 사회일 것이다.[10]

지금까지 살펴본 것처럼 모성은 타고나는 것도 아니고, 한결같고 똑같은 유형으로 발현되지도 않는다. 자신의 새끼를 버리거나 죽이는 행위는 어미가 문제가 있어서가 아니라 자신이 처한 다양한 환경과 사회적 조건에 대한 반응일 수 있다. 동물 세계에서도 인간 세계에서도 영아 유기와 살해에는 분명한 이유가 있다. 그 이유를 보지 않고 어미만 비난하는 것은 근본 원인을 가리는 일 아닐까. 이 근본 원인이 해결되지 않는 한 허디의 통찰처럼 "어머니가 된 여성은 모성의 지뢰밭을 지나게 된다."[11]

"제가 달리 뭘 할 수 있었겠어요"

1932년 3월, 아일랜드 더블린에서 호텔 주방 보조로 일하던 스무 살 에나가 체포되었다. 사연인즉 이렇다. 어느 날 호텔 사장은 다른 직원에게서 에나의 방에서 악취가 난다는 얘기를 듣는다. 사실 확인에 나섰다. 방에선 진짜로 악취가 진동했고, 냄새의 진원지를 찾아보니 옷장 선반이었다. 거기에 아기 시신이 있었다.

체포된 에나는 두려움에 떨면서 조사관에게 말했다.

"아이를 낳았어요. 그리고 죽였죠. 제가 달리 뭘 할 수 있었겠어요?"[12]

에나는 미혼 상태였다.

죽여도 그만인 사생아

아일랜드 역사학자 클리오나 래티건은 1900년에서 1950년 사이에 아일랜드에서 일어난 영아 살해에 관한 재판 기록을 분석해 살해 원인을 추적했다. 그 결과를 담은 책이 《제가 달리 뭘할 수 있었겠어요?》(2012)다.[13]

책에 따르면, 1900년에서 1950년 사이에 아일랜드의 많은 미혼 여성이 임신을 숨기고 혼자 출산한 뒤 대부분 몇 시간 안에 아기를 죽였다. 그나마 에나는 호텔에서 숙식을 해결했기 때문에 호텔 방에서 출산할 수 있었지만, 대부분은 비위생적인 환경에서 출산했다. 병원에서 출산하는 경우는 드물었다.

1935년 아일랜드 공화국◆의 도시 리머릭에서 일어난 일이다. 스물다섯 살의 브리젯은 진통이 시작되자 집에서 나가 8킬로미터를 넘게 걸었다. 어느 한 곳에 이르러 출산한 후 아기를 풀 속에 버렸다. 이후 계속 걸어 한 교회 쉼터에 이르렀다. 브리젯의 상태를 수상히 여긴 사람들이 브리젯을 추궁했고 결국 브리젯은 출산 사실을 털어놓는다. 곧 경찰이 아기를 찾아

아일랜드 공화국 아일랜드는 12세기부터 영국의 지배를 받았다. 1919년부터 21년까지 독립 전쟁을 벌였고, 그 결과 남부는 21년에 현재의 아일랜드 공화국으로 독립했다. 북부는 북아일랜드로 영국에 속해 있다.

냈고, 브리젯은 살인죄로 기소되었다.

그런데 형량이 고작 징역 3개월이었다. 게다가 "정상이 참작"되어 징역을 사는 대신 메리 호스텔이라는 종교 시설에 입소시킨다. 형 집행은 자연스럽게 유예되었다. 이렇게 처벌이 가벼웠던 이유는 당시 아일랜드에서는 "사생아의 생명 가치가 낮았"기 때문이다. 사생아 살해는 결혼한 부부 사이에서 태어난 영아의 살해에 비해 그다지 심각한 범죄가 아니라고 생각했다.[14]

왜 사생아의 생명을 가볍게 본 것일까. 다음 내용에서 힌트를 얻을 수 있을 듯하다.

20세기 초반 아일랜드에는 미혼모가 많았다. 하지만 국가 차원에서 미혼모와 사생아에 대한 관용은 없었다. 이들은 국가적 수치였고, 정부나 교구도 이들을 복지 재정에 부담을 주는 존재로만 보았다. 당시의 논평가들도 이들을 거의 무시하거나 미혼 임신과 사생아 출산을 '모두 여자 탓'으로 돌렸다. (…) 이러한 분위기에서 미혼모가 정부나 교구의 재정적 도움을 받는 것은 거의 불가능했으며, 친부로부터 도움을 받는 것도 어려웠다. 그러다 1930년 사생아법이 통과되어 미혼모는 친부를 대상으로 양육비 소송을 할 수 있게 되었다. 하지만 법 시행 뒤 실제로 양육비 소송을 하는 경우나 소송을 했어도 양육비를 받게 된 사례는 거의 없던 것으로 보인다. 양육비 소송은 매우 어려운 과정을 거쳐야 하는데 그 결과는 미미했다. 미혼모들은 선택할 수 있는 것이 거의 없다고 느꼈다.[15]

당시 아일랜드는 영국에 속한 북부든 독립한 남부든 기독교가 지배적인 곳이었다. 성을 바라보는 관점이 보수적인 데다 사생아를 양육하려면 사회적 비용도 드니 사생아들을 골치 아픈 존재로 바라보았을 것이다. 이런 가운데 엄마가 알아서 아이를 죽였다면, 국가나 교구 차원에서는 크게 고민할 문제가 아니었으리라. 그러다 보니 재판에 회부되지 않은 사건도 많았을 것이다. 그것은 더 많은 영아가 살해되었다는 뜻이고, 더 많은 영아 살해는 어머니가 되기를 거부할 수밖에 없는 '조건'에 놓인 여성이 그만큼 많았음을 의미한다.

막달레나 세탁소

빅토리아 시대(1819~1901)에 영국 사람들은 이전에 경험한 적 없는 부를 누렸다. 물질적인 풍요를 누리면서 한편에선 도덕과

막달레나 세탁소. 18세기부터 20세기까지 2세기에 걸쳐 영미권 국가들에서 '몸을 버린 여자'들에게 거처를 제공한다는 명분으로 설립한 시설이다. 마지막 수용소는 1996년에 폐쇄됐다.

윤리를 강조했다. 특히 여성의 성을 바라보는 시각이 아주 보수적이고 엄격했다. 여성의 성적 충동은 허용되지 않았고, 혼전 순결이 미덕이었다. 이를 어긴 딸들은 치명적인 죄인이 되고, 혼전 성관계로 태어난 아기는 가혹한 운명에 던져졌다. 혼전 또는 혼외 출산한 여성은 단정치 못한 행실로 비난을 받거나 죽을힘을 다해 저항하지 못한 죄 값을 치러야 했다. 상대 남성은 '그물에 걸리지 않는 바람'처럼 사회적 비난이나 단죄로부터 자유롭게 빠져나갔다.

부모에게 버림받고 사회로부터 외면당한 여성은 워크하우스workhouse로 보내지거나, 매춘으로 내몰리거나, 뒷골목에서 위험한 낙태를 강행하며 생명을 부지했다.[16] 워크하우스는 부랑자나 미혼모를 수용해 일을 시키는 집단 수용소 같은 곳인데, 영국에서 처음 만들어졌다. 이후 다른 서구 기독교 국가에서도 속속 만들어졌고, 20세기 후반까지 존재한 나라도 있다.

워크하우스 중 가장 악명 높은 곳이 막달레나 세탁소Magdalene Laundries였다. 이곳에 수용된 여성은 속죄의 의미로 엄격한 규율을 따르고, 허드렛일이나 세탁 일을 하며 장시간 노동을 견뎌야 했다. 외부와 접촉은 금지되었으며 성적 학대까지 당했다.

반면, 당시 남성들은 결혼 여부와 상관없이 곳곳에서 여성을 유혹하거나 강간했다.

베이비 파머

빅토리아 시대 여성들의 이런 현실은 레이먼드 라이튼의 역사 소설 《위기의 어머니들Desperate Mothers》(2011)[17]에서 잘 나타난다. 이 소설은 실화 바탕이다.

　1839년 아기는 가족의 축복을 받으며 태어났다. 부부는 딸의 이름을 아멜리아 호블리◆라고 지었다. 얼마 지나지 않아 전염병이 돌았고, 많은 사람이 죽어 나갔다. 아멜리아의 어머니도 그중 하나였다. 아멜리아의 아버지는 열다섯 살인 아멜리아를 상류층 가정의 하녀로 보냈다. 주인집 아들은 툭하면 하녀들을 겁탈했다. 어느 날 아멜리아의 단짝 로즈가 포획물이 되고 말았다. 로즈는 임신을 했고, 이 사실이 발각되자 약간의 돈을 받고 주인집에서 쫓겨났다.

　"많은 젊은 여성들이 미혼모의 삶을 감수하기보다는 죽음을 선택"[18]했지만, 로즈는 아기를 낳았다. 하지만 아기를 키우

아멜리아 호블리 Amelia Hobley 태어난 해는 기록물에 따라 조금씩 다르다. 사망한 해는 1896년으로 모두 같다.

며 일할 수는 없었다. 당시 영국에서는 베이비 파머Baby Farmers라는 직업이 성행했다. 로즈 같은 상황에 놓인 미혼모의 아기를 돈을 받고 돌봐 주는 여성들이었다. 이들 역시 빈곤하긴 마찬가지였다. 그래서 돌봐 주기로 한 아기를 죽이고 돈만 챙기는 경우가 빈번했다. 불운하게도 로즈의 베이비 파머도 그런 사람이었다. 아기가 죽은 사실을 안 로즈는 절망해 스스로 목숨을 끊는다. 이 베이비 파머는 로즈의 아기를 포함해 18명을 살해한 혐의로 체포된다.

아멜리아는 이런 로즈의 삶을 보며 정의롭지 못한 현실에 실망하고 분노한다. 자신은 행복한 가정을 꾸려 아기들을 잘 키우겠노라고 다짐도 한다. 그리고 같은 노동자 계층의 남자와 결혼한다. 하지만 19세기 말 노동자의 삶은 참혹했다. 아멜리아는 빈곤에서 벗어나기 위해 베이비 파머가 된다. 돈이 목적이었기에 아기는 조금 키우다가 살해했다. 점차 대담해져 아기를 받은 직후 살해하기 시작했다. 들키면 거짓말과 증거 인멸로 상황을 모면했다. 들켜도 징역 6개월만 살면 그만이었다. 아일랜드처럼 당시 영국도 사생아 살해를 중범죄로 여기지 않았음을 알 수 있는 대목이다. 하지만 유죄 판결을 받는다면 출소 후 다시 아기를 모집하는 데 어려움을 겪을 가능성이 크다. 아멜리아는 들킬 만하면 다른 곳으로 도망쳤다. 이름을 바꾸어 또 아기를 모집해 똑같은 범죄를 저질렀다.

아멜리아는 1896년에 사형당한다. 몇 명을 죽였는지는 정확히 모른다. 적게 잡아도 수십에서 수백 명은 되리라 추정할 뿐이다. 아멜리아는 희대의 살인마, 정신질환자, 마귀로 치부되었다. 하지만 아멜리아 사건의 핵심은 다수의 여성이 아기를 키울 수 없는 환경에 놓여 있었다는 사실이다. 당시 "미혼모는 '타락한 여자'로 교구의 재원만 축내는 존재"[19]였고, 지원은커녕 비난과 징벌만 받았다.

설치류들처럼 태아를 분해해 흡수할 능력이 없던 인간 여성은 아기를 떼 내기 위해 온갖 방법을 썼다.

> "겨자를 푼 뜨거운 물에 들어가 보기도 하고, 일하던 빵집에서 무거운 밀가루 포대를 일부러 들어 보기도 했지만, 아기는 떨어지지 않고 허리 병만 얻을 뿐이었다."[20]

아멜리아 같은 베이비 파머가 많았던 이유는 버려진 가여운 여성이 많았기 때문이 아니라, 여성과 아기를 버린 몰염치한 남성이 많았기 때문이다. 또한 그들로 인해 원치 않는 임신과 출산을 한 어머니와 아기를 사회에서 환대하지 않았기 때문이다.

《위기의 어머니들》에 따르면, 19세기에서 20세기 초까지 사망한 영아 중 살해된 아이가 몇 명인지는 정확히 파악할 수 없다고 한다. 일단 살해가 은밀하게 이루어졌고, 지금처럼 법망이 촘촘해 모든 아기의 출생 사실이 신고되는 것도 아니기 때문이었을 것이다. 그리고 지금처럼 과학 수사가 발전한 시대가 아니었으니, 살해된 영아의 사체를 찾기도 어려웠을 것이다.

달라진 사회

하지만 기억해야 할 것은 이후 영국 사회는 달라졌다는 점이다.

> "오늘날 수천 명의 미혼모가 있다. 하지만 그들은 더는 사회적 비난을 받지 않고, 법 역시 한때 가능할 것이라 상상하지 못했던 방향으로 그들을 보호하는 방향으로 바뀌었다."[21]

영국을 비롯한 서구 사회의 혼외 출생률은 지난 반세기 동안 꾸준히 증가했다. 미혼 임신과 출산에 점점 더 관용적인 사회로 변했음을 증명하는 데이터다.

혼외 출생률 추이 (단위: %, 출처: OECD Family Data Base)

연도	미국	영국	프랑스	독일
1960	5.3	5.2	6.1	7.6
1970	10.7	8.0	6.9	7.2
1980	18.4	11.5	11.4	11.9
1990	28.0	27.9	30.1	15.3
2000	33.2	39.5	43.6	23.4
2010	40.8	46.9	55.0	33.3
2018	39.6	48.2(2017)	60.4	33.9
2020	40.5	49.0	62.2	33.1

환대받지 못한 아이들

대한민국의 혼외 출생률은 어떨까. 1980년대부터 2000년대까지 거의 1퍼센트대다. 2010년 2.1, 2018년 2.2퍼센트로 약간 높아졌다. 가장 최근 통계인 2022년에는 3.9퍼센트다. 2020년 OECD 회원국의 평균 혼외 출생률은 42퍼센트다. 격차가 크다. 대한민국은 여전히 결혼제도 밖의 임신과 출산을 허용하지 않는 사회다. 이렇다 보니 유기나 살해는 산모의 선택지 중 하나가 될 가능성이 크다.

과부라서

영아 유기와 살해 사건은 꾸준히 보고되고 있다.

살해 관련 기사를 분석해 보면 원인이 여러 가지다. 먼저 '과부'라서 살해하는 경우다. 《동아일보》 1924년 1월 10일 자는 당시 평양 형무소 수감자 1,204명 중 여성이 103명인데 그중 "해산 후 영아를 압살한 과부가 많다"고 보도하고 있다. 이해 전라남도에서도 과부 영아 살해 사건이 발생했다.

전라남도 여수항 서정西町에 사는 과부 김희엽(45세)이 지난 31일 딸을 낳고 자기 손으로 죽였다. (…) 여수경찰서에서는 이 사실을 즉시 광주지방법원 순천지청 검사국에 보고 (하였다). (…) 현장에 출장하여 시체를 해부하고 세밀히 검사한바 역시 범인의 자백과 같이 손으로 목을 조여 숨이 통하지 못하게 하여 죽인 것이 분명하다더라.[22]

또 《동아일보》 1963년 5월 30일 자에 따르면, 광양읍 인서리의 과부 서성녀(41세)가 "여아를 분만하고 질식 살해 후 서천교 밑에 유기한 혐의"로 구속되었다. 이 여성들은 다른 사람들의 손가락질이 두려워 아기를 살해했다고 털어놓았다.

먹고살기 힘들어서

다음은 생활고 때문에 살해하는 경우다.《동아일보》1926년 8월 21일 자에 따르면, 경기도 광주군 태생의 "의지할 곳 없는 여자" 최성녀(28세)는 두 살 된 딸을 광목으로 꽁꽁 싸매 강에 던져 죽였다.[23] 다음은 이숙자라는 한 "가련한 여성"이 저지른 영아 살해 사건이다.

극도의 생활난으로 사랑하는 자식을 죽여 암장했다가 발각되어 실신하여 날뛰는 가련한 여성 (…) 이숙자(22세)는 (…) 검거되어 오는 도중에 돌연히 발광하여 강 중에 뛰어들어 자살을 도모했으나 즉시 구조되어 (…) 유치장 속에서 통곡하다가 웃고, 웃다가는 곡하여, 완전히 미친 사람이 되었다. 경찰서에서는 자살할 염려가 있어 감시 중이라 한다.[24]

경제적으로 어려워 아기를 살해한 사례는 아주 많다. "남편에게 배반당하고, 격심한 생활고를 못 이겨 친가를 찾았으나, 친가에서마저 쫓겨나 유랑 걸식하다가 마침내 업고 있던 두 살 난 외동딸을 물에 던져 죽인 후 삶을 모색"했지만 "차디찬 세파와 살인한 양심의 가책을 이길 길 없어 눈물로서 수사기관에 자수"[25]한 어머니, "생활고에 임신한 몸으로 남편을 떠나 서울에서 식모살이를 하던 중 출산을 하자 먹고살기 어렵다는 생각에 뒷마당 우물에 아기를 던져 살해"[26]한 어머니, 생활고에 시달려 "새벽 2시경 아기를 낳자마자 포대기에 싸서 질식시켜 숨지게 한 후 밤 10시쯤 소양강에 버린"[27] 어머니 등 신문을 뒤질수록 나온다.

미혼이라서

아기를 살해하는 이유로 가장 많이 보고된 것이 미혼◆이라는 이유에서였다. 1930, 40년대 사건들이다.

> "양평군 설악면 위곡리 문차치(20세)는 처녀의 몸으로 같은 마을 청년과 관계하고 불의의 (…) 영아를 살해하야 시체를 유기하였다."[28]
> "18세 처녀는 갓난 옥동자를 낳고 세상이 부끄러워 그날 밤에 아기를 눌러 죽여 버렸다."[29]

미혼 한국에서 '미혼모'란 말은 1970년 전후에 등장했다. 그래서 그 전의 미혼모는 미혼으로 표기했다.

"이성녀(54세)는 딸 김분설(17세)이 출산하자 세간의 수치를 근심하여 딸과 협의한 후 변소에서 분만케 하였는데 분만된 영아가 변소 똥 속에 떨어지자 이성녀가 새끼로 목을 졸라 죽여 산속에 묻었다."[30]

산모가 미혼인 경우 가족 모두가 영아 살해에 가담하기도 했다.

김천군 감청면 지재동에 거주하는 심판조(37세)의 장녀 신성순(18세)이가 처녀의 몸으로 부근 청년과 정교하야 임신하였음을 알고 (…) 신성순을 (…) 취조한 결과 범죄 전부를 자백하였다. 성순은 금년 1월경부터 윤복동(가명)의 장남 윤판득(가명, 19세)과 정교하야 처녀의 몸으로 임신을 한 것이다. 세상에 대한 부끄러움을 이기지 못한 끝에 지난 10월 23일 오후 8시경 자기 집에서 여아를 분만하는 즉시 그 모친과 공모하고 압살한 후 밤을 기다려 친부가 연못에 유기하였다.[31]

1950, 60년대에도 이런 상황은 이어진다. 산모 엄마의 손에 아기들은 "뒷산에 암매장"[32]되거나 "태어난 지 사흘 만에 굶어 죽어 눈 속에 파묻었으나 동네 개가 아기 사체를 파내어 물

고 다니는 바람에 세상에 알려"[33]지기도 했다. 80, 90년대에도 "분뇨통에 여아를 빠뜨려 숨지게 한"[34] 사건, "아기를 수건에 싸서 물통에 빠뜨린"[35] 사건이 벌어지는 등 크게 달라지지 않는다.

딸이라서

딸이어서 살해하는 경우도 많았다.

> 5일 상오 가평 경찰서는 가평군 박묘순(28세)을 영아 살해 혐의로 구속했다. 딸만 셋을 가진 박 여인은 6월 15일 또 딸을 낳자 갓난아기를 포대기에 싸 북한강에 던져 죽인 혐의이다.[36]

> 김영자(33세)도 여덟째도 딸이자 아기를 연못에 던져 죽였다.[37] 당시 이 사건은 여성단체의 구명 운동으로까지 이어졌다. 그 이유는 "김영자는 어려움 속에서도 아들을 낳아야 한다는 가문의 압박과 의무감으로 계속 아이를 낳아 왔으며", "남아 존중의 전통적 사고와 습속이 아직 뿌리 깊게 남아 (…) 딸을 죽이게 한 것이므로 여느 살해 유기죄와 같은 죄를 받아서는 부당

하다"는 것이었다. 한국부인회는 변호사비를 마련하는 등 김영자를 구명하려 애쓰는 한편 김영자의 딸들을 양육하는 데도 도움을 주기로 약속했다.

이처럼 영아를 살해할 수밖에 없는 근본 이유는 부계 사회이기 때문일 것이다. 한 명의 법적 아버지만을 인정하고, 그 아버지를 중심으로 혈통을 잇는 사회라서 벌어진 일들이다. 법적 남편이 없는 과부와 미혼모, 그리고 남편의 무관심 또는 무책임으로 극빈의 나락으로 떨어진 어머니의 아기, 부계 혈통을 이을 아들을 낳지 못하는 어머니의 아기가 주로 살해되었으니까.

더 읽기

✚

모계 사회 체험기

인류학은 애초에 비서구 사회를 연구할 목적으로 탄생했다. 초기의
성과로는 부계뿐 아니라 모계 또는 양계(부계나 모계로 혈통이 이어지는
것)를 통해서도 재산 상속이나 혈통이 이어지고 있음을 밝혀낸 것이
다. 이런 연구 결과를 보면서 어떤 인류학자들은 "부계 확대가족 안
에서 발견되는 부인들의 불행에 주목"[38]했고, 어떤 인류학자들은 아
버지와 남편이 없거나, 아버지와 남편은 있지만 상속이나 혈통 계
승 등에 큰 의미가 없거나 어떤 역할도 하지 않는 모계 사회에 주목
했다.

　예를 들면 "아프리카의 남부와 동부의 경우 모계 제도가 더 보
편적"[39]이었다. 서아프리카의 코로코로세이korokorosei 마을의 경우는
양계 원칙을 따르나 상속은 어머니를 통해 이어진다. 아프리카 가나

의 아샨티Ashanti 마을의 아샨티족은 상속, 토지 소유권 등이 어머니를 통해 이어지는 모계 사회다. "부족 구성원은 배우자와 사는 것보다 자신의 어머니나 모계 쪽의 외삼촌과 사는 경우가 더 자주 있다."[40]

인도네시아의 미낭카바우Minangkabau족도 모계 사회다. 이 종족의 한 가족은 증조할머니, 할머니, 어머니, 결혼한 두 딸과 그 딸의 아이들, 사위 한 명, 결혼하지 않은 딸 한 명으로 구성돼 있었다.[41] 결혼한 딸은 둘인데 사위는 한 명이다. 다른 사위는 자신의 어머니 집에서 살며, 그 집과 부인 집을 오간다. 어머니와 어머니 혈통을 이어받은 자녀들이 아들이든 딸이든, 결혼했든 안 했든 함께 사는 것, 이것이 모계 사회의 특징이다.

모소족과 보낸 한 철

2000년 초 소설가 이경자는 모계 사회를 연구하기 위해 중국 윈난성으로 향했다. 오지에서 살고 있는 모소족 마을을 찾아간 것이다. 부계로 혈통과 상속이 이어지고 권력은 가장에게 집중된 가부장제 사회와 다른 사회를 보고 경험하기 위해서였다. 그곳에서 몇 달을

모계 사회를 연상시키는 러시아 인형(마트료시카)

보낸 후《이경자, 모계사회를 찾다》(2001)를 출간했다.

이경자는 루그호 안의 작은 섬 리거다오에 있는 마을에 머물렀는데, 그곳의 다섯 집 중 한 곳에서 지냈다. 그 집의 가장은 어머니 아자 소나르마(76세)였다. 가족 구성원은 모두 어머니의 성 아자를 따랐다. 큰아들은 아자 따쉬(54세), 둘째아들은 아자 피쵸(46세), 큰딸은 아자 처얼(45세), 둘째딸은 아자 르마쵸(38세), 막내딸은 아자 루즈라초(31세)였다. 소나르마는 이 자식들과 딸들이 낳은 손주 아자 르마(26세), 아자 추뚜(23세), 아자 얼처(20세), 아자 따쉬(7세) 등과 함께 살았다. 모소족은 어머니를 '아마'라고 부르는데 여기에는 집안의 큰어른인 어머니에 대한 사랑과 존경의 마음이 담겨 있다고 한다.

모계 사회에서도 딸들을 분가시킬 수는 있다. 하지만 보통은 어머니 집에서 모두 함께 산다. 어머니 입장에서는 사위나 며느리와 함께 살지 않고, 아내나 남편 입장에서는 배우자와 함께 살지 않으며, 아이들 입장에서는 아버지와 함께 살지 않는다. 아이들은 사냥하는 법, 물고기 잡는 법 등 남자들이 주로 하는 일을 '아찌'라 부르는 외삼촌에게서 배운다. 여성들은 농사를 짓고 남성은 사냥하고 물고기를 잡는다. 여성이 농사일로 바빠서 돌봄에 공백이 생기면, 외삼촌이 누이의 아이들을 돌본다.《이경자, 모계사회를 찾다》를 보면,

조카를 위해 요리하는 아찌의 모습이 잘 묘사되어 있다.

> 따쉬(소나르마의 큰아들)가 조카 따쉬와 르마에게 볶음밥을 해 먹이고
> 있었다. (…) 나는 불가에 의자를 깔고 앉아 식탁에 노트북을 올려
> 놓고 원고를 쓰면서 조카들에게 밥을 볶아 먹이는 쉰네 살의 남자
> 를 바라보았다. 내겐 정말 낯선 모습이었다. 내 경험으로는 아이들
> 에게 밥을 먹일 시간이 다 되어도 돌아오지 않는 여동생이 있다면
> 삼촌은 화를 내며, 그 화를 미처 가라앉히지 못해 집 안팎을 들락
> 거리며 신경질을 부려야 했다. (…) 그런데 따쉬는 도무지 화를 내
> 지 않았고 (…) 솥을 씻어 화덕에 얹었더니 절인 돼지고기 기름을 썰
> 어 넣고 물을 부었다. 그러더니 무를 하나 가져다 다듬어서 칼질을
> 해 그 속에 넣었다. 돼지비계 무 탕국을 끓이는 것이었다.[42]

소나르마 손주들에게는 엄마 말고도 이모, 외삼촌들이 있어 돌
봄 공백이 생기지 않는다.

모소족은 "열두 띠를 살면 성인이 된다"[43]고 믿는다. 즉 열두 살
이 지나면 성인식을 치른 후 이성 관계를 시작한다. 여자와 남자가
마음이 맞으면 남자가 아무도 몰래 여자의 집을 찾는다. 다만 새벽

5시 전에는 그 집을 떠나야 한다. 이러한 풍습을 주혼走婚이라고 한다. 주혼은 일부일처를 전제로 한 결혼과는 다르다. 여자도 여러 명의 남자와 주혼이 가능하다.

모소족에게 중요한 것은 태어난 아기의 엄마가 누구냐이다. 아기는 엄마와 이모, 외삼촌들과 살면 그뿐, 아버지가 누구인지의 문제로 강물에 던져지거나 눈 속에 파묻혀 죽지 않는다. 이경자 역시 어렸을 때 "어느 동네 어떤 처녀가 아기를 낳아 울타리 사이에 파묻고 자신은 목을 매어 죽었다"[44]는 소리를 들은 적이 있다고 책에 썼다. 모소족 마을을 방문한 스위스의 한 중년 부부는 "가부장 사회는 인류의 재앙"[45]이라며 탄식했다.

2장

유기

루소의 아이들

아이들에게 가르쳐야 할 유일한 도덕적 교훈이자 인생의 모든 순간 가장 중요한 가르침은 이것이다. '결코 다른 사람에게 해가 되는 행동을 하지 마라.'

《에밀》의 한 구절이다. 이 책은 18세기 프랑스 계몽기의 천재 사상가 루소의 대표 저작이다. 이 책에서 루소는 고아 에밀이란 가상의 인물을 통해 태어나서 결혼에 이르기까지 받아야 할 이상적인 교육에 관해 설파한다. 요약하면, 이상적인 교육이란 어린 시절에는 자연 상태에서 관찰과 경험을 통해 배우고, 청년기에는 학문을 닦으며, 배우자를 만난 이후에는 남녀의 역할과 책임을 다하는 도덕적이고 윤리적인 삶을 살도록 하는 것이다. 《에밀》은 지금까지도 명저로 평가받는다.

그럼, 루소 자신은 어떤 삶을 살았을까. 영국의 저명한 역사학자 폴 존슨이 쓴《지식인의 두 얼굴》[46]을 보자.

루소는 1712년 스위스 제네바에서 태어났다. 어머니는 루소를 낳고 산욕열로 사망했다. 아버지는 폭력적이었다. 일곱 살 많은 형이 있었지만, 아버지의 폭력으로 가출한 후 연락이 끊겼다. 1742년 파리로 이주한 루소는 작가로, 또 비평가로 살았다. 1745년에는 파리의 한 호텔 청소부였던 테레즈 르바쇠르를 만났다. 루소는 서른넷, 테레즈는 스물세 살이었다. 이후 둘은 연인이 되었고 1778년 루소가 죽을 때까지 함께했다. 하지만 둘은 결혼하지 않았다.

이들의 관계는 보부아르와 사르트르처럼 새로운 연애나 결혼 관계를 시험하는 차원은 아니었다. 루소는 "그녀에게 눈곱만치라도 사랑을 느낀 적이 없었다. (…) 내가 그녀에게서 충족시킨 욕구는 성적인 욕망"[47]이라고 말했다. 그리고 "결코 그녀를 떠나지 않겠지만, 결혼하지도 않겠다"[48]고 테레즈에게 말했다고 한다. 루소는 테레즈와 외출한 적도, 사람들과 식사할 때 같은 식탁에 앉도록 한 적도 없었다. 테레즈는 1746년 겨울 첫아기를 낳았으나, 루소는 "그녀의 명예를 지키기 위해 아기를 버려야 한다"고 "세상에서 제일 힘들게" 테레즈를 설득했다. 테레즈는 한숨을 쉬며 "순종했다."[49] 루소는 산파에게 자신의 아기들을 유기된 영아를 돌보는 보육원에 보내라고 지시했다. 이후 낳은 네 아이도 그렇게 '처분'되었다. 어느 아기도 이름을 얻지 못했다.

　루소의 아이들이 보내진 곳은 1638년 설립된 앙팡 트루베 영아 유기 보육원Hôpital des Enfants Trouvés이다. 이곳은 아기를 안전하게 '버릴' 수 있는 통을 처음 설치한 곳이다.[50] 원통은 반으로 잘려 있었는데, 열린 쪽에 아기를 넣고 줄을 당기면 안쪽에서 일하고 있는 보육원 직원들이 나와 통을 돌려 아기를 전달받는 구조였다.

　1811년 프랑스는 이런 원통 설치를 합법화했다. 그러다 아기가 너무 많이 들어오자 1863년에 설치를 중단했고, 1904년에 완전히 이 제도를 없앴다.[51]

　보육원에 버려진 루소의 아이들은 어떻게 되었을까? 남아 있는 기록이 없고, "루소도 아이들을 다시 찾으려 하지 않았기 때문에"[52] 어떻게 되었는지 모른다. 폴 존슨의 다음 글을 보면 루소의 아이들이 에밀처럼 결혼할 때까지 잘 살았을 가능성은 매우 낮다.

　당시 보육원 상황을 보면 열악하기 그지없었다. (⋯) 1년에 3,000명 이상의 버려진 아이들이 시설을 가득 메웠다. 루소 본

프랑스 부르고뉴의 소도시 마콩에 남아 있는 영아 유기 원통

인의 기록에 따르면, 1758년에 5,082명으로 치솟았다. 1772년 무렵에는 거의 8,000명에 달했다. 아이들의 3분의 2는 도착한 첫해에 사망했다. 평균적으로 14퍼센트가 7세까지 살아남았고, 5퍼센트가 성인으로 자랐는데, 그중 대부분은 걸인이나 부랑자가 됐다.[53]

다른 기록을 보아도 아기들의 건강한 성장은 기대하기 어렵다.

신생아가 들어오면 유모의 젖을 먹고 자란다. 젖을 뗀 후에는 시내 외곽에 있는 위탁 가정으로 보내진다. 여섯 살이 되면 다시 파리로 돌아와 종교 교육을 받고 예배당 봉사를 한다. 스물다섯 살 때까지 보육원에 거주할 수 있고 퇴소한 이후에는 견습공이 되거나 거리에서 생존한다. 하지만 대부분 스물다섯 살까지 살지 못했다.[54]

이렇게 보면 원통은 비록 아기는 살렸어도 아기 삶을 연장하는 데는 큰 영향을 끼치지 못한 것 같다. 원통 속의 아기들은 보육원에 넘겨진 뒤 길고양이처럼 짧은 생을 살다 갔을 테니까.

유기 영아 박물관[♦]

런던에 유기 영아 박물관^{Foundling Museum}이 있다. 박물관 홈페이지를 보면 "파운들링^{foundling}은 부모에게 버려졌다가 다른 사람에게 발견되어 돌봄을 받는 아동을 의미하는 역사 용어"라고 친절하게 설명되어 있다.

합법적인 유기

이제 '영아 유기'는 정말 역사 속으로 사라진 말일까?

　먼저, 영국은 버려진 아이들을 어떻게 돌보아 왔는지 역사를 살펴보자. 16세기까지 고아와 유기된 영아를 수용하는 시설

♦ 이 꼭지의 글은 유기 영아 박물관 홈페이지^{foundlingmuseum.org.uk}를 참고해 썼다.

은 1552년에 설립된 그리스도 보육원London's Christ's Hospital♦이 유일했다. 18세기에 산업혁명이 일어나면서 런던에 많은 사람이 몰려들었다. 빈민도 급속도로 늘었다. 교구에서 이들을 구조하기에는 역부족이었다. 도움을 받지 못한 사람들이 버린 아기가 교회 계단, 문 앞, 쓰레기 더미에서 빈번하게 발견되었다. 매해 1천 명 정도의 아기가 버려졌다.

이를 목격한 자선사업가 토마스 코람Thomas Coram은 조지 2세에게 17년 동안 끈질기게 탄원서를 올렸다. 마침내 1739년 유기 영아 보육원Foundling Hospital 설립을 허락받는다. 토마스는 거리의 광고판이나 신문 광고를 통해 런던 시민들에게 보육원 개원을 알리고 위탁 아동을 모집했다. 그리고 1741년 본격적으로 운영을 시작했다.

보육원에서는 12개월 미만의 아기만 받았다. 아기를 맡기려는 어머니들은 탄원서를 써 내야 했다. 보육원에서는 심사 과정을 거쳐 아기를 받을지 말지 결정했다. 1741년에는 30명을 받았다. 보육원에 들어오려는 아기가 늘자 1756년부터는 '일반 입소'로 방침을 바꾼다. 심사 과정을 없애고 모두 받기로 한 것이다. 돌보아야 할 아기가 급증하자 보육원은 건물을 더

---

hospital 여기서 hospital은 지금의 병원이 아니다. 고아와 버려진 아이를 환대하여 치료하고 돌본다는 의미로, 보육원·탁아소 등을 뜻한다.

짓고, 아기가 계단이나 문 앞에 버려지지 않도록 보육원 밖에 바구니를 걸었다.

하지만 일반 입소는 운영난 때문에 1760년 종료된다. 이후 보육원에서는 1801년까지 100파운드를 기부하면 아기를 유기할 수 있도록 정책을 바꾸었다. 18세기 중후반 하녀 연봉이 2, 3파운드[55]였으니, 보통의 노동자 계층으로서는 감당할 수 없는 금액이었다. 아마도 귀족이나 재력가들이 원치 않는 아기를 유기할 때 보육원을 이용했던 것으로 보인다.

보육원에서는 일반 입소 종료 후 돈이 없는 어머니들의 경우 다시 탄원서 제출과 심사를 통해 아기를 버리게 했다가, 1801년부터는 사생아와 군인 가정의 고아[56]만 받았다. 보육원이 문을 닫는 1954년까지 이 방침을 유지했다.

이후 유기 영아 보육원은 아동을 위한 토마스 코람 재단 Thomas Coram Foundation for Children 으로 이름을 바꾸었다가 현재의 아동 자선단체 코람이 되었다. 코람은 2004년 유기 영아 박물관을 오픈했다. 박물관에서는 18세기에서 20세기 초반까지 존재했던 보육원 관련 자료를 보관, 전시한다. 학자나 역사에 관심 있는 일반인들을 위한 연구 포럼도 매년 두 차례 개최하고 수시로 심포지엄도 연다. 보육원이 소장하고 있는 유기 아동에 관한 정보를 통해 그 후손들이 조상을 찾을 수 있도록 돕는 서비스도 제공하고 있다. 한국의 현실과 비교되는 서비스다. 한국은 잃어버리거나 유기돼 입양된 아동의 기록이 아예 없거나 나이 등의 간단한 정보만 남아 있어 입양인들이 원가족을 찾기 어렵다.

다시 찾을 단서, 증표

유기 영아 박물관 홈페이지를 보다 인상적인 자료를 발견했다. 많은 엄마가 아기를 보육원에 보낼 때 나중에 다시 찾기 위해 증표를 남겨 놓았다는 것이다. 심사 과정을 거쳐 아기를 정식으로 유기했든, 보육원 밖에 놓인 바구니에 유기했든 엄마들은 대부분 이후에 아기와 다시 만나기를 원했다. 아기에게 남긴 여러 증표가 그런 마음을 보여 준다.

　박물관에는 다양한 증표가 전시되어 있는데, 증표는 "골무 같은 일상용품부터 작은 장신구, 정성스럽게 맞춤 제작한 동전이나 직물에 이르기까지 다양"했다. 어떤 엄마는 레이스 단 리넨 모자와 종이 하트를 증표로 남겼고, 어떤 엄마는 하트 카드 문양을 그려 넣은 천 조각을 남기기도 했다.

　엄마들이 증표를 남긴 이유는 아기들은 입소하자마자 세

보육원에 아기를 맡길 때 엄마들이 남긴 증표

례를 받고 새로운 이름을 부여받기 때문이다. 그렇게 되면 나중에 아기를 찾을 수 없기에 아기를 식별하기 위해 증표를 남긴 것인데, 엄마들은 물건뿐 아니라 시나 메모 또는 편지를 남기기도 했다. 1759년 2월 7일에 버려진 생후 5개월 된 조셉에게는 "리차드는 엘노어 빌링슬리의 아들로, 통 교구에서 태어나 1758년 10월 4일 슈롭셔 카운티에서 토마스 목사에게 세례를 받았습니다"는 메모가 남겨졌다. 아기의 앞날을 위해 이름과 혈통, 소속 교구까지 상세히 남겨 놓은 것이다. 안타깝게도 조셉은 입소 2주 만에 사망했다. 1757년 2월 2일 제메스 잉걸의 엄마는 '상황이 허락될 때 데리러 올게요. 제 아기라는 표시로 이걸 간직해 주세요'라는 메모를 남겼지만, 이 아기도 한 달 후 사망했다.

다행히 아기를 되찾은 사례도 있다. 1757년 6월, 과부 에스터는 3개월 된 아들 존을 맡기고 증표를 남겼다. 하지만 2주 후 아기를 되찾고 싶다고 주지사에게 탄원서를 제출했다. 보관된 증표 덕분에 아기가 어떤 보모에게 위탁되었는지 파악할 수 있었다. 이후 에스터는 보증인 두 명을 세운 후 아기 보육비를 교구에 신청하지 않겠다는 약속을 하고, 그동안 돌봐 준 비용을 내고 아들을 돌려받았다. 에스터는 빨리 마음을 바꾸어 돌봄 비용이 많지 않았지만, 시간이 많이 지난 경우에는 돌봄 비용을 감당할 수 없어 아기를 데려오지 못하는 일도 있었다. 1764년 보육원은 규정을 바꾸어 돌봄 비용을 청구하지 않기로 했다. 그러자 이해에만 183명이 원가족에게 돌아갔다. 1765년에서 1790년 사이에는 179명의 아기가 돌아갔다.

베이비 박스♦냐, 원가족 지원이냐

영국은 1861년 〈개인에 대한 범죄법Offences Against The Persons Act〉 제27조에 '2세 미만 아기 유기는 형사 범죄로서 5년 이하의 징역에 처한다'는 조항을 마련한 이후 아동 유기를 허용하는 어떤 예외 사항도 두지 않았다. 영국에는 아동을 특정한 곳에 유기하는 것을 허용한 미국의 〈안전한 피난처 법Safe Haven Law〉 같은 것이 존재하지 않는다. 예외 사항을 두는 대신 영국은 지금까지 위기에 처한 부/모를 상담해 적절히 지원해 주는 쪽으로 법과 제도를 정비해 왔다.

그렇다고 해서 영국에서 아기를 버리는 일이 일어나지 않는 것은 아니다. 한 보고서[57]에 따르면 1998년에서 2005년까지 매해 평균 16명의 아기가 유기되었다고 한다. 형사법 처벌에도

♦ 국가마다 베이비 박스를 달리 부르는데, 이 책에서는 베이비 박스로 통칭했다.

이런 일이 계속되자 미국처럼 안전한 장소에 아기를 유기할 경우 처벌받지 않도록 하는 〈안전한 피난처 법〉을 도입해야 한다는 주장도 나오고 있다. 하지만 호응하는 사람이 적었다.[58]

그럼에도 영아의 안전한 유기를 위해 관련 법을 도입해야 한다는 목소리는 계속 이어지고 있다. 2024년 유기 아동으로 성장한 당사자인 토인 오두말라Toyin Odumala는 온라인 서명 운동을 벌였다. 런던 동쪽 도시 뉴햄에서 아기가 든 쇼핑백이 발견된 것이 계기였다.[59]

저는 2001년 7월 26일 태어난 후 바로 유기되었습니다. 개를 산책시키던 사람들에게 발견되어 병원으로 옮겨졌습니다. 4개월간 보호소에 있다가 입양되어 현재까지 행복하게 살고 있습니다. 저는 운이 좋은 경우였죠. (…) 미국에는 베이비 박스가 있습니다. 아기를 키울 수 없는 여성은 익명으로 지정된 장소에 아기를 유기할 수 있습니다. 박스는 냉난방이 되고 알람이 울려 아기는 안전하게 보호받을 수 있습니다. 영국에도 이런 박스가 필요합니다. (…) 어떤 아이도 태어나서 길거리나 위험한 곳에 버려져서는 안 됩니다. 〈안전한 피난처 법〉 도입에 서명해 주세요![60]

2024년 4월 현재, 4만 1천 명가량이 서명했다. 서명 운동을 시작한 지 석 달이 채 안 되는 시점이었다. 하지만 이에 대해 국제 아동 구호 기구인 세이브더칠드런Save the Children 담당자는 아래처럼 논평했다.

"도전하는 멋진 청년이군요. 하지만 원가족의 빈곤이나 다른 문제를 해결해 줌으로써 버려지는 아기가 없도록 하는 게 더 중요하지 않을까요. 모든 아동이 최선의 상태에서 삶을 출발하도록 돕는 것이 가장 좋은 방법이라고 생각합니다."[61]

보건사회복지부Department of Health and Social Care 대변인은 "임신과 연관된 전 과정, 즉 임신-출산-양육까지 지원하는 정책을 개선하는 것이 최우선 과제"라며 "영국 전역의 신생아 돌봄을 개선하는 데 1억 6,500만 파운드(한화 약 3,000억 원)를 투자하고 있다. 출산 전후 모든 산모가 안전하게 지낼 수 있도록 출산 돌봄의 격차를 해소하는 데도 680만 파운드를 투입하고 있다"고 덧붙였다.[62]

이처럼 영국에서는 아동 복지 관련자와 정책 수립자가 아기가 원가족과 함께 살 수 있게 지원하고 예산도 집행한다. 아이들이 버려질 가능성을 낮추는 데 주력하는 것이다.

고아 기차

이번엔 미국의 역사를 보자.

기록에 따르면, 미국에서 최초로 고아와 미아를 돌본 곳은 세인트 빈센트 영아 보육원St. Vincent Infant Asylum이다. 이 시설은 1856년 볼티모어시와 자선사업가들의 지원을 받아 가톨릭 수녀회가 설립했다.

이후 버려진 아이들만을 위한 보육원이 속속 설립되었다. 그중 악명을 떨친 대표적인 두 곳이 샌프란시스코 유기 영아 보육원San Francisco Foundling Asylum과 뉴욕 유기 영아 보육원New York Foundling Asylum이다.

아기 사체가 발견된
샌프란시스코 보육원

샌프란시스코 유기 영아 보육원을 먼저 살펴보자. 이 보육원은 "행실이 바른 기혼모와 불행에 빠진 미혼모"를 돕는다는 취지로 문을 열었지만, 보육원에 도착한 임신부들을 3개 등급으로 나눠 차별했다. 1등급은 13세 이상의 미혼모로, 최고의 방에 배정해 다른 임신부들보다 나은 대우를 해 줬다. 남자에게 유혹당했을 뿐 나쁜 의도로 임신한 것이 아니라고 판단한 것이다. 2등급은 나쁜 친구들과 어울리며 매춘을 한 임신부다. 3등급은 임신한 과부, 이혼녀, 내연녀였다. 보육원에서는 2, 3등급에 1등급이 물들지 않게 앞서 말했듯이 1등급만 따로 관리했다.

이런 보육원이 있는데도 버려지는 아기는 많았다. 결국 보육원들에서는 문 앞에 요람을 설치했다. 엄마들은 아기에 대한 사랑과 아기의 건강한 성장을 비는 애절한 심정을 메모로 남겼다. 그 바람과 달리 맡겨진 아기들의 상황은 좋지 않았다. 1875년 보육원 보고서에 따르면, 6년 동안 보육원에 있던 아기 385명(입소한 산모에게서 태어난 아기 210명과 문 앞에 유기된 아기 175명) 중 188명만 살아남았기 때문이다. 반 이상이 사망했다. 이 수치에 대해 보육원 측은 "다른 도시의 보육원 아기 사망률은 거의 100

퍼센트"라며 "자랑할 만한 수치"라고 밝혔다.

　　1880년대 후반에 이르면 상황이 더 나빠진다. 1887년 10월, 생후 2개월 된 남자아이가 병원 문 옆 쓰레기통에서 발견되었다. 몇 년 후 한 간호사는 고용된 지 14일 만에 15명의 영아가 사망했고, 아기를 페놀로 독살하는 장면도 목격했다고 증언했다. 당국의 조사가 있었지만, 시정 조치는 없었다. 내부 고발은 계속되었다. 기저귀를 갈아 주지 않아 염증으로 고통받는 아기들, 소변 웅덩이가 생긴 매트리스, 젖병 오염 등의 문제가 끊임없이 제기되었다. 1893년 보육원 바깥에 쌓여 있는 상자에 아기 사체가 들어 있다는 폭로도 나왔다. 검사관은 22구를 발견했다. 하지만 변화는 오지 않았다. 1908년 영아 사망률은 여전히 60퍼센트로 높았다. 결국 1948년 "좋은 의도"로 시작한 이 보육원은 비극적인 영아 사망률만 남기고 영구히 문을 닫았다.

고아 기차 운동에 가담한
뉴욕 보육원

이번엔 뉴욕 유기 영아 보육원을 살펴보자. 이곳은 1854년부터 1929까지 75년간 운행한 고아 기차 운동Orphan Train Movement

에 적극 가담하면서 유명해졌다. 고아 기차 운동은 미 전역을 횡단하며 보육원 아이들을 입양 보내는 운동이었다. 이 보육원은 1869년 자선수녀회Sisters of Charity 소속 세 명의 수녀가 뉴욕 맨해튼의 한 타운하우스에서 버려진 아이들을 돌보면서 시작되었다. 수녀들은 건물 입구에 박스를 설치하고 "아기를 버리지 말고 우리에게 데려오십시오"라는 팻말을 붙였다. 처음엔 몇 달은 지나야 아기들이 들어오겠거니 했다. 하지만 문을 연 첫날 밤부터 아기들이 들어왔다. 두 달쯤 지나자 100명이 넘었다.[63] 아기가 점점 많아지자 감당하기 어려워진 보육원은 6년이 지난 1875년부터 고아 기차 운동에 적극 가담한다.

보육원 아이들은 마지막 기차가 운행된 1929년까지 살던 곳을 떠나 전국에 흩어졌다. 이 때문에 원가족이나 친척과 재회할 가능성이 희박해졌다. 심지어 보육원에 함께 있던 자매나 형제가 서로 다른 지역으로 이주하거나 다른 가족에 입양되면서 헤어지는 일까지 벌어졌다.[64]

고아 기차의 배경[65]

고아 기차 운동은 미국 역사상 가장 큰 규모로 벌어진 '아동 이

주 사건'이다. 1853년 뉴욕의 선교사 찰스 로링 브레이스Charles Loring Brace는 고아들로 가득한 뉴욕 거리를 보고 걱정한다. 아이들 처지가 안타깝기도 하고 무엇보다 이 아이들이 여러 범죄를 저질러 해결책을 모색한다. 마침내 생각해 낸 방법은 아이들을 농촌의 기독교 가정으로 보내는 것이었다. 브레이스는 거기서 기술과 농사일 등을 배우면 사회에 도움이 되는 사람이 되리라고 믿었다. 구호 시설에 수용하는 비용보다 농촌으로 보내는 비용이 더 싸다는 현실적인 계산도 있었다.[66]

브레이스는 1853년에 아동구호회Children's Aid Society를 설립하고 1854년 아이 45명을 기차에 태워 미시간주의 농촌 마을 도웨지액Dowagiac으로 보냈다. 이것이 고아 기차 운동의 시작이었다. 고아 기차가 운행되는 동안 약 25만 명의 아이가 미국 전역으로 흩어졌다. 일손이 부족했던 농촌 지역에선 반겼다.

한편, 기차에서 내린 아이들은 어떻게 되었을까? 기차에 탔던 애나는 이렇게 말했다.

"우리를 캘리포니아로 데려가는 줄 알았어요. 저는 그때 아는 곳이 뉴욕 말고는 캘리포니아밖에 없었으니까요."

하지만 애나의 예상과 달리 도착한 곳은 캔자스의 한 도시

고아 기차(위)와 기차에 타기 위해 줄 서 있는 아이들(아래). 영국을 비롯한 독일, 노르웨이, 스웨덴 등 유럽 국가에서도 이와 비슷한 프로그램을 진행했다. 주 대상은 빈민가 아이들이었다.

였다. 함께 기차를 탄 언니 마거릿의 눈에는 "뉴욕에서 보던 고층 빌딩이 없는" 신기한 곳이었다. 기차에서 내린 아이들은 우선 기차역에 일렬로 서거나 동네 극장 무대에 섰다. 그러면 사람들이 와서 아이들 상태를 확인하고 마음에 드는 아이를 골랐다. 건장하고 힘센 남자아이들이 먼저 선택되고, 여자아이들은 가장 마지막에 선택되었다. 어떤 사람은 아이의 치아 상태를 확인했고, 남자아이에게 팔굽혀펴기를 시키기도 했다.

애나는 그때의 심정을 이렇게 밝혔다.

"줄을 서고 사람들에게 선택되는 건 화나지 않았어요. (…) 언니와 헤어지는 것이 너무 무서웠죠. 제발 서로 헤어지지 않게 가까운 집에 가기만을 원했던 것 같아요."

하지만 자매는 각각 다른 가족에게 선택되었고, 이후 다른 삶을 살았다. 애나와 마거릿처럼 "형제자매 간의 이별은 고아들에게 트라우마가 되었다." 애나는 다행히 좋은 가족을 만났지만, 언니 마거릿은 "하녀처럼 부리려는" 입양부모를 만났다. 마거릿처럼 불운한 환경에 놓이는 아이들이 적지 않았다.

앤이라는 소녀는 이민자에 입양아라는 낙인까지 찍혀 학창 시절 내내 따돌림을 당했다. 소피아는 미네소타 스프링필

드의 독일인 가정에 입양되어 어렵게 독일어를 배웠다. 하지만 학교에 들어가서는 다시 영어를 배워야 했다. 공부는 제대로 할 수 없었다. 집안일이 너무 많았기 때문이다. 게다가 입양모는 폭력적이었다. 집안 곳곳에 회초리를 두었다가 "잘못하거나 훈계할 때 채찍질"을 했다. 소피아는 죽기 직전까지 입양모를 용서하지 않았다. 소피아의 딸은 이렇게 회고했다.

"아흔여섯 살이 될 때까지 용서하지 못했던 거 같아요. 어느 날 엄마가 할머니 묘지에 가자고 하더라고요. 이젠 용서할 때가 된 거 같다면서요. (…) 묘지 앞에서 무슨 말을 했는지는 못들었어요. 잠자코 계시다가 '이제 됐다. 가자'라고만 했으니까요."

고아 기차를 탄 아이 중 극히 일부는 사회 지도층이 되었다. 또 어떤 아이들은 주어진 삶을 받아들이고 만족한 삶을 살았을 것이다. 하지만 이들 모두에겐 지울 수 없는 트라우마가 있다. 바로 자기 의지와 상관없이 떠나야 했다는 것이다. 태어나고 자란 곳을 떠남으로써 혹시 자신을 찾았을지 모를 부모나 친척과 연결될 길이 끊겼다. 심지어 형제자매와도 강제로 헤어져야 했다. 이건 분명 불행한 역사다! 소피아는 말한다.

"그럴 수밖에 없었더라도 전 동의할 수 없어요. 아이들을 서로 헤어지게 하고 일가친척들과 연락할 가능성마저 뿌리째 뽑아 버린 것은 잘못된 것이죠."

고아 기차 아이들은 원가족 공동체를 잃어버렸지만, 이들의 후손은 1960년대 후반부터 모임을 시작했다. 일리노이 주 계보학회Illinois State Genealogical Society 같은 자조 모임이 생긴 것이다. 이들은 서로를 형제자매라 여기고 고아 기차를 탔던 부모에게서 들은 이야기를 후손에게 전하고 있다. 또한 그 이야기가 미국 역사의 한 부분으로 남기를 희망한다.[67] 고아 기차는 아이들이 가축처럼 버려지거나 팔려 나가고 있다는 비판이 커지면서야 75년간의 운행을 멈추었다.

아동 유기에 대한
미국과 영국의 차이

고아 기차가 멈춘 배경에는 사회, 제도의 변화도 있다. 첫째, 중서부 지역이 도시화되면서 아동 노동이 필요 없게 되었다. 둘째, 1895년 미시간주를 필두로 다른 주에서 아동을 데려오려면 상당한 금액의 보증금을 내게 법이 바뀌었다. 셋째, "가족 돌봄이 가능하도록 지원하는 법이 통과되어 자선기관들은 빈곤한 가족이 아동을 버리지 않게 원가족을 지원하는 프로그램을 도입"했다. 아울러 사회복지사라는 "새로운 전문 직업인"도 출현했다. 이들은 가족들이 헤어지지 않도록 원가족을 지원하는 업무에 집중했다.[68]

하지만 1999년 미국은 위기 임산부나 빈곤 가정에서 아기를 키우기 힘들 경우 지정된 곳에 유기할 수 있도록 한 〈안전한 피난처 법〉을 통과시켰다. 주마다 유기할 수 있는 아동 연령은 달라도 유기 장소는 비슷하다. 병원, 소방서, 경찰서 같은 곳이다. 법에서 지정하지 않은 곳에 버리는 것은 중범죄다. 2024년 1월 현재 미국 전역에 205개의 베이비 박스가 설치되어 있고,[69] 1999년부터 2021년까지 〈안전한 피난처 법〉에 따라 베이비 박스에 유기된 아동은 약 4,505명에 이른다.[70] 연간 200명이 넘는 아기가 베이비 박스에 유기된 것이다.

한편 영국은 앞서 살펴본 바와 같이 1861년부터 아동 유기를 범죄로 못 박았다. 이후 위기 가족 지원에 집중하고 있다. 최근 통계에 따르면 연간 16명 정도의 아동이 유기된다고 한다.

미국과 영국의 아동 유기 수를 비교해 보면 영국이 현격히 낮다. 왜 이런 차이가 생긴 것일까. 일단 미국은 원가족 지원에 영국만큼 철저하지 못하고, 〈안전한 피난처 법〉과 베이비 박스는 아동 유기를 근본적으로 막기보다 오히려 조장할 수 있기 때문이다. 두 국가의 차이는 우리에게 아이를 버리게 하고 구하는 것보다 원가족 지원을 강화함으로써 구할 아이를 만들지 않는 것이 더 중요함을 시사한다.

보호출산제

2023년 대한민국은 일명 '수원 영아 시신 냉장고 유기 사건'[◆]으로 촉발된, 미등록 아기 문제로 충격에 빠졌다. 2015년에서 2023년 5월생까지 미등록 아동이 총 2,123명이었는데 그중 283명이 사망한 것으로 밝혀졌다.[71] 이를 계기로 2010년에서 2014년까지 미등록 아동 상황도 조사했다. 그 결과 9,603명의 미등록 아기 중 469명이 사망한 것으로 밝혀졌다. 심지어 2,500여 명은 행방이 묘연했다.[72] 말 그대로 사라진 것이다.

이에 정부는 법을 개정하는 한편 새로운 법도 도입했다.

수원 영아 시신 냉장고 유기 사건 2023년 감사원은 보건복지부 정기감사 중 2015년부터 2022년까지 출산한 아기 중 2,000명이 출생신고가 돼 있지 않다는 사실을 알아냈다. 이 사실을 통보받은 수원시청은 현장방문을 해서 정황을 알아보려고 했지만 30대 여성 고씨는 거부했다. 경찰이 고씨 집을 압수수색했고 냉동실에서 영아 시신 2구를 발견했다. 고씨는 경제적으로 어려워 아이들을 낳자마자 살해했다고 실토했다.

구체적으로 살펴보자. 먼저, 법 개정이다. 영아 유기(〈형법〉 제272조)와 살해(〈형법〉 제251조) 관련 법을 폐지하고 일반 유기죄(〈형법〉 제271조)와 살해(〈형법〉 제250조)를 적용해 처벌을 강화했다. 1953년 〈형법〉 제정 시 영아 살해는 '그럴 수밖에 없는' 정상을 참작해서 10년 이하의 징역을, 영아 유기는 2년 이하 징역 및 300만 원 이하의 벌금을 선고하도록 규정했다. 이 법이 폐지됨으로써 영아 살해는 5년 이상 징역이나 무기징역 또는 사형, 영아 유기는 3년 이하의 징역 및 500만 원 이하의 벌금으로 처벌이 강화되었다.[73]

다음은 새로 도입된 법이다. 출생신고를 의무화한 '출생통보제'와 경제·심리·신체적인 이유로 출생신고를 꺼리는, 위기 상황에 놓인 산모의 익명성을 보장하는 '보호출산제'도 도입했다. 보호출산제에 대해 더 설명하면, 병원을 비롯한 의료기관♦에서 아기가 태어나면 의료기관은 출생 사실을 정부에 의무적으로 신고♦♦해야 한다. 그런데 피치 못할 사정으로 출생신고를

의료기관 〈의료법〉 제3조에 따르면, 의료기관은 의료인이 공중公衆 또는 특정 다수인을 위하여 의료·조산의 업을 하는 곳을 말하고, 의료기관의 종류는 종합병원, 병원, 치과병원, 한방병원, 요양병원, 의원, 치과의원, 한의원 및 조산원으로 나눈다.

의무 신고 의료기관의 장은 아기가 태어나면 14일 안에 아기의 모의 이름, 주민등록번호(외국인 등록번호), 성별, 태어난 연월일시 등을 건강보험심사평가원에 제출해야 한다. 그럼 건강보험심사평가원은 즉시 모의 주소지를 관할하는 시·읍·면의 장에게 통보한다.

꺼리는 임신부가 의료기관 밖에서 아기를 낳아 유기할 경우를 가정하여 의료기관에서 가명으로 아이를 낳을 수 있게 한 것이 보호출산제다.

한편, 우리나라에는 종교 단체에서 운영하는 베이비 박스도 있다. 2009년 서울 주사랑공동체교회가 처음 설치했고, 2014년 군포시의 새가나안교회가 두 번째로 설치했다. 이렇게 보면 우리나라는 출생통보제, 보호출산제, 베이비 박스까지 영아 살해와 유기를 막기 위해 선진국들이 도입한 제도와 시설을 모두 갖춘 셈이다. 그런데 문제는 없을까.

보호출산제의 문제

먼저, 보호출산제를 보자. 보호출산제는 〈보호출산법〉[74]에 근거한다. 법에 따르면 보호 출산 즉, 익명 출산을 원할 경우에도 출산, 양육에 관한 상담을 받고 필요한 지원과 연계 서비스를 받을 수 있다(제7조). 출산 전 검진, 출산 비용도 지원받을 수 있다(제10조). 이 두 조항은 위기 임산부에게 양육과 합법적 유기 중 하나를 선택할 기회를 공평하게 주는 듯 보인다. 하지만 양육을 선택했을 때 받을 수 있는 지원이 충분하지 않다면, 합법적 유기를 선택할 수밖에 없을 것이다.

그럼, 양육을 선택했을 때 받을 수 있는 지원은 얼마나 될까. 2024년 6월 현재 받을 수 있는 지원들이다. 국가바우처 사업에 따라 건강보험에 가입한 임산부는 임신 1회당 100만 원을 이용할 수 있는 국민행복카드를 지원받는다. 여기에 첫만남 지원금 200만 원을 추가로 받는다. 그러니까 지원금은 총 300만 원이다. 이 돈으로는 임신에서 출산까지 가능하지 않다. 굳이 데이터를 근거로 제시하지 않아도 누구나 알 것이다. 특히 위기 임산부의 경우는 가족이나 사회로부터 단절된 경우가 많아서 산후조리 같은 도움도 받을 수 없으니 실상 돈이 더 든다. 여기까지만 보더라도 경제적으로 어려운 위기 임산부라면 양육을 선택하기 힘들다.

또한 〈보호출산법〉은 심리, 신체적으로 어려운 경우 보호출산을 선택할 수 있다고 명시하고 있다. 하지만 세부 조항에도 관련 매뉴얼에도 심리, 신체적 어려움이 무엇인지에 대한 명확한 정의나 가이드라인이 없다. 게다가 위기 산모의 심리, 신체적 어려움을 완화하기 위한 정책을 강화했다는 관계 부처의 발표만 있을 뿐 실제 그 내용이 무엇인지는 아직 나오지 않고 있다. 이런 현실에서 아무리 고민할 시간을 준들(양육할지 말지 7일 정도 고민할 시간을 준다) 위기 임산부가 익명 출산을 취소하고 양육을 선택할 가능성은 매우 낮아 보인다.

한편 보호출산으로 태어난 아기는 어떻게 될까. 아기들은 일단 '유기 아동'으로 분류된다. 시·읍·면 장이 아기의 성과 본을 '창작'한다. 이후 이름과 등록기준지(이전의 본적에 해당한다)를 정한다. 이를 토대로 가족관계등록부(이전의 호적에 해당한다)를 만든 후 입양 시설이나 아동보호기관으로 보낸다. 결국 아기는 엄마로부터, 엄마는 아기로부터 사라지게 된다.

덴마크로 입양되었다가 한국에 돌아와 입양인 권익 보호 운동을 하는 한분영의 말을 들으면 보호출산제가 놓치고 있는 것이 무엇인지 짐작할 수 있다.

"나는 가족이 누구인지 모른다. 나처럼 원래의 정체성이 지워진 사람을 합법적으로 만들어서는 안 된다."[75]

보호출산제는 〈유엔아동권리협약〉 제7조 "부모를 알고, 부모에 의해 양육받을 권리"를 심각하게 침해하기도 한다.

베이비 박스의 문제

베이비 박스 역시 원가족과 헤어지게 한다는 점에서 보호출산제와 크게 다르지 않다. 주사랑공동체의 2022년 자체 통계에 따르면, 이해에 베이비 박스로 들어온 아기는 106명이다. 이 중 32명(30퍼센트)은 원가족에게 돌아갔고, 9명(8.7퍼센트)은 입양되었다. 65명(61.3퍼센트)은 아동보호시설로 보내졌다.[76] 정부의 한 고위 관계자는 출생통보제와 보호출산제를 통해 "사라진 아기의 비극이 이제 끝나길 기대한다"[77]고 밝혔지만, 엄마와 아기 입장에서 보면 비극의 시작일 수 있다.

〈보호출산법〉 제1조에 따르면 이 법은 "생모 및 생부와 그 자녀의 복리 증진에 이바지함을 목적"으로 한다. 엄마와 아기 입장을 헤아린다면, 이 법 취지대로 우리 역시 영국처럼 원가족 보호를 위해 더 노력해야 하는 것 아닐까. 왜냐면 자신이 지워진 출생 서사는 훗날 어떤 법과 제도로도 채우거나 메울 수 없기 때문이다. 자신의 출생 정보를 아는 것이 얼마나 중요한지는 다음 사례만 봐도 짐작할 수 있는 일이다.

고이치 미야츠[78]는 구마모토 병원에 설치된 베이비 박스에서 발견되었다. 놀랍게도 세 살이었다! 아이는 박스 안에 앉아 있었다고 한다. 미야츠는 현재 열여덟 살이다. 당시 상황을 어렴풋이 기억하고 있다. "문 같은 것"이 있었다고 한다. 미야츠는 좋은 가정에 입양되어 잘 지내고 있다. 현재는 베이비 박스에서 구조된 아이들에게 힘을 주기 위해 자신의 성장 경험을 전파하는 중이다.

베이비 박스를 통해 구원된 것도, 좋은 입양부모를 만난 것도 도움이 되었지만, 미야츠 삶에서 가장 중요한 순간은 친생모에 대해 알게 되었을 때다. 초등학생이던 어느 날 미야츠를 베이비 박스에 넣은 사람이 나타났다. 그는 미야츠가 태어난 지 5개월쯤 되었을 때 친생모가 교통사고로 사망했다고 알려 주었다. 이후 자신이 돌보다 형편이 어려워져 베이비 박스에 넣었다고 했다.

미야츠는 친생모의 무덤을 찾아갔다. 온화한 미소를 짓고 있는 엄마 사진을 보았고, 자신의 곱슬머리가 엄마를 닮았음도 알았다. 기뻤다. 엄마를 기억하기 위해 무덤 주변에 있는 돌 몇 개를 주워 돌아왔다. 친생부에 대해서는 여전히 아는 것이 없지만, 이것으로 충분하다. 미야츠는 인터뷰에서 이렇게 말했다.

"뭔가 빈 곳이 채워진 느낌이었어요. 알고 나니 시원했어요."

자신의 출생 서사를 안다는 것은 이런 것이 아닐까. 공백을 채워 줌으로써 평생 살아갈 힘을 준다. 그제야 정체성이 완성되기 때문이다. 인간에게는 목숨만큼 정체성도 중요하다. 물론 원가족과 사는 것이 반드시 행복을 보장하지는 않는다. 하지만 원가족과 살지 말지 결정하는 것은 아동의 고유한 권리다. 원가족 공동체 안에서 성장하면서 스스로 내릴 판단이다. 그 권리를 사회나 국가가 먼저 박탈하는 것은 아동 인권을 침해하는 일이다. 보호출산제와 베이비 박스가 영아 유기를 줄일수 있을까. 아이를 잘 버리게 하는 것보다 애초에 아기가 버려지지 않게 법과 제도를 탄탄하게 마련하고, 원가족을 더 지원하는 방향으로 가야 하지 않을까.

3장

방임

보호 종료 청년들

원가족을 잃거나 원가족의 돌봄을 받을 수 없는 아동은 아동복지시설♦ 중 하나인 보육원이나 공동생활가정♦♦에서 산다. 계속 살 수 있는 건 아니다. 2022년 〈아동복지법시행령〉 개정으로 학업을 이어 가거나, 취업 준비를 하는 경우 24세까지 머물 수 있지만, 그렇지 않을 때는 18세가 되면 퇴소 처리가 된다. 19세부터 성인이니 미성년 상태에서 사회로 내보내지는 것이다. 2022년 법 개정 전까지 수많은 미성년 퇴소자가 보호막 없이

아동복지시설 〈아동복지법〉 제52조에 따르면 아동복지시설에는 아동양육시설, 아동일시보호시설, 아동보호치료시설, 공동생활가정, 자립지원시설, 아동상담소, 아동전용시설, 지역아동센터, 아동보호전문기관, 자립지원전담기관, 학대피해아동쉼터 등이 있다.

공동생활가정 보호가 필요한 아동에게 가정과 같은 주거 환경과 보호를 제공한다. 아동 수는 5인 이상 7인 이하를 원칙으로 하며, 아동과 보호자인 종사자가 함께 생활한다.

홀로 세상에 나왔다. 이렇게 복지시설에서 나온 아이들을 오랫동안 '연장 고아'라고 불렀다. 최근 들어서는 '보호 종료 아동' 또는 '자립 준비 청년'이라 한다.

그런데 보호 종료 아동이나 자립 준비 청년 모두 적절한 표현은 아닌 듯하다. 보호 종료 아동을 먼저 보면, 퇴소를 했으니 '보호 종료'는 맞지만 이미 '아동'기를 지난 이들 아닌가. 자립 준비 청년이란 말도 문제가 있다. 자립 '준비'는 퇴소 후가 아니라 퇴소 전에 해야 하는 것 아닐까. 따라서 나는 이 책에서 '복지시설 생활을 마치고 사회로 나온 젊은이'라는 의미에서 이들을 '보호 종료 청년'으로 부르려고 한다.

멈추지 않는 죽음

보호 종료 청년들, 이들은 과연 어떤 삶을 살까?

과거 기사를 찾아보면, 비극적인 뉴스가 많다. 예를 들면 1939년에 "사고무친 하여 고독한 사나이 (…) 홍규환(24세)은 생활고와 병마를 비관하고"[79] 여관에 투숙한 후 음독자살했다. 1962년 고아인 이정남(20세)은 "자신의 불우한 처지와 난치병을 비관"하여 "남산공원 올라가는 길 육교 왼편 4m 지점에서 투신" 후 "절명"했다.[80] 이들은 고아인 데다 생활고에 병까지 겹친, 극도로 절망적인 상태에서 목숨을 끊었다.

단지 고아임을 비관해서 목숨을 끊은 사례도 많다. 1959년 "정육점 고용인 박희성(18세)은 고아임을 비관하여 음독자살"[81]했으며, 1961년 고물상 점원 조세권(21세) 역시 "고아임을 비관하여 고물상 내에서 목을 매어 자살"[82]했다. 1962년 서울에서 고용살이하던 김씨(19세)는 고아원에 있던 두 동생을 데리고 나와 "불우한 처지를 비관하여 (동생들과 함께) 음독자살"[83]함으로써 짧은 생을 마쳤다. 1971년 서울의 도금공장에서 일하던 김학권(18세)은 "부모의 이혼으로 고아 아닌 고아가 된 이후 어머니를 그리워하다 공장에서 사용하던 약물을 마시고"[84] 어버이날인 5월 8일 스스로 목숨을 끊었다.

자립하려 애쓰다 더는 버티지 못하고 세상을 등진 경우도 있다. 1990년 스무 살 한숙자는 가정부 일을 하며 동생을 돌보았다. 하지만 고단한 삶을 견디지 못하고 다음과 같은 유서를 남기고 끝내 자살한다.

"세상이 싫다. 벌어도 벌어도 번 것은 없고. 사회를 경험하면서부터 험난하다는 것은 알고 있었으나 이렇게 힘들 줄은 몰랐다. 동생의 공부만은 꼭 마쳐 주고 싶었는데 미안하다. 부디, 부모 있는 사람보다 잘 살아라."[85]

2000년대 이후에도 비극적인 사건은 계속된다. 특히 2022
년에는 며칠 간격으로 두 명의 보호 종료 청년이 목숨을 끊었
다. A(19세)는 고등학교 졸업 후 모 대학 사회복지학과에 합격했
다. A는 기숙사에서 생활했다. 1학기가 끝나자 친구들은 모두
집으로 돌아갔다. A는 텅 빈 기숙사 옥상에서 몸을 던졌다. 유
서는 없었다. "아직 읽지 못한 책이 많은데…"라는 메모만 남겼
다. B(19세)는 보호 종료가 끝난 후 아버지가 있는 집으로 돌아
갔다. 아버지는 장애인이었다. 대학에 다니면서 아버지를 돌보
다 우울증에 시달렸다. 결국 학교를 그만두었다. B는 "삶이 고
달프다"는 유서를 남기고 목숨을 끊었다. 2024년, 보육원을 떠
난 지 9년째인 예나(가명, 27세)도 목숨을 끊었다. 숨지기 전 들은
노래가 김보경의 〈혼자라고 생각 말기Don't think you're alone〉였다.

지치지 않기
포기하지 않기
어떤 힘든 일에도 늘 이기기
너무 힘들 땐 너무 지칠 땐
내가 너의 뒤에서 나의 등을 내줄게[86]

예나에게 등을 내준 사람은 없었던 것일까.

2021년 한국보건사회연구원이 조사한 〈보호 종료 아동 자립 실태 및 욕구 조사〉에 따르면, 보호 종료 청년 중 '극단적 선택을 생각한 적이 있다'고 답한 비율이 50퍼센트를 넘었다. 정부는 2019년부터 보호 종료 후 5년까지는 자립수당◆을 제공하고 있는데, 위 통계는 이들까지만 적용한 것이라서 분명히 한계가 있다. 예나처럼 2019년 이전에 퇴소했거나, 퇴소 후 5년이 지난 보호 종료 청년들은 통계에 잡히지 않았기 때문이다. "알려지지 않은 죽음은 훨씬 많을 것"[87]이다.

자립수당 퇴소 시점부터 5년간 매월 일정의 현금을 지원하는 정책이다. 정책 시행 첫해인 2019년에는 2년 동안만 지원하는 것으로 했고, 매월 30만 원을 지급했다. 2021년부터 지급 기간을 5년으로 연장했고, 2022년 35만 원, 2023년 40만 원, 2024년에는 50만 원으로 인상했다.

국가는 어떤 보호자였나

여기서는 그동안 국가가 원가족의 돌봄을 받을 수 없는 아이들을 위해 어떤 노력을 해 왔는지 살펴보자.

1950년대에는 보호 종료 청년들을 위해 직업보도소를 개설했다. 직업보도소는 복지시설 퇴소자가 일정 기간 머물며 숙식을 제공받고, 기술도 배울 수 있는 일종의 직업훈련소다.

사회부 당국에서는 연장 고아를 위한 직업보도소 설치를 계획하고 있다. 현재 각 후생 시설에서 보호를 받는 5만여 명의 고아 중 18세 이상 연장 고아가 1만여 명이나 있다고 하는데, (…) 사회부 후생과에서는 연장 고아를 위한 일책으로서 직업보도소를 설치하여 개개 고아의 소질에 따라 적합한 직업기술을 연마시킴으로써 자활의 길을 개척하여 주리라고 한다.[88]

1960~70년대에도 직업보도소 개소 소식이나 "연장 고아를 위한 1인 1기 교육을 실시"한다는 등 보호 종료 청년들을 위한 지원은 꾸준히 기사로 보도되었다. 주로 "기계, 봉제, 인쇄, 공예, 가구 정비 등과 같은 기술"[89]을 습득시킨 것으로 보인다. 1980대 이후에는 무료 기능 교육을 실시했다는 내용도 있다.♦

만만한 존재

지원 정책 중에는 '정착 사업'이라는 명분으로 황무지나 사람이 살지 않는 산골로 수백 명씩 이주시켜 강제로 자립시킨 나쁜 사례도 있다.

> 한국사회복지사업연합회는 (…) 150명의 부랑아와 연장 고아들을 모아 정착 사업지인 경기도 포천군 영북면 운천리 및 산정리 일대에 보냈다. (…) 이번에 제4차로 정착지에 보낸 것으로 (…) 이들은 재건개척 단원으로서 3백10정보에 달하는 황

♦ 국가가 보호 종료 청년들에게 어떤 지원을 해 왔는지 1950년대부터 자료를 찾아보았지만, 몇몇 기사 말고는 거의 찾을 수 없었다. 아동 복지, 사회 복지 등을 키워드로 넣어 검색해도 마찬가지였다. 국가와 사회가 오랫동안 이들에게 무관심했다는 증거 아닐까.

다큐멘터리 영화 〈서산개척단〉(2018) 스틸 컷. 1961년 쿠데타로 집권한 박정희는 민심을 얻기 위해 깡패 소탕 등 사회 정화에 나선다. 이 일환으로 대한청소년개척단 즉 서산개척단도 만들어진다. 정부는 부랑아, 고아, 성노동자 등을 '개척 단원'이라 부르며 황무지를 개척하게 했다. 이들은 서산뿐 아니라 여러 지역으로 보내졌다. 그곳에서 사람들은 무급 강제 노동에 시달렸고 말을 듣지 않을 경우 감금, 폭행에 살해까지 당했다.

무지를 개간하여 정착 자활할 것이다.[90]

이들은 떠나기 전 애국가를 합창한 후 "힘껏 일하여 새로운 삶을 찾겠다"며 나섰다.[91]

보호 종료 청년들을 해외로 이주시킨 사례도 있다. 1965년 보건사회부는 보호 종료 청년 남녀 각 25명을 뽑아 파라과이의 한 마을에 있는 농장으로 보냈다.[92] 이해 정부는 한국해외개발공사를 설립한 후 본격적인 "인력 수출"에 나섰다. 일차로 기술자 4,500명과 이민자 8,130명을 해외로 이주시키려 했다. 이민자는 독신 청년이나 보호 종료 청년들에서 우선 선발할 계획이었다. 정부는 이들을 중남미의 파라과이·브라질·온두라스로 분산, 이주시키려 했다.[93] 그뿐 아니라 전쟁고아로 자란 18세에서 35세까지의 여성 5,000명을 서독에 광산병원 등에 잡역부로 보내 "막대한 외화를 벌어들이게 되었다"는 기사도 있다.[94]

이 대목에서 궁금해진다. 왜 부랑아나 독신 청년 혹은 보호 종료 청년, 전쟁고아 등이 일차 대상이었을까. 혹시 자립이란 미명하에 사회의 주변인 또는 문제의 소지가 있어 보이는 사람들을 추방하거나, 이들에게 드는 사회적 비용을 절감하려는 의도는 아니었을까? 이보다 더 궁금한 것은 이것이다. 정부

《동아일보》1965년 12월 3일 자. 〈서독광산병원에 잡역부 5천명-전쟁고아로 자란 여성에 우선권 새해부터 파견〉이란 기사 제목에 "전쟁고아로 자라난 우리나라 여성들이 새해부터 대량으로 서독광산병원 등에 잡역부로서 일하게 되어 막대한 외화를 벌어들이게 됐다"는 리드문도 보인다.

가 가라는 곳으로 간 이들은 어떻게 되었을까? 정부 홍보 문구처럼 자립에 성공했을까? 아니 살아남긴 했을까.

'열여덟 어른' 캠페인

2000년대 접어들면서 보호 종료 청년들을 바라보는 시각에 변화가 생긴다. 변화의 문을 연 건 비영리 공익재단 아름다운재단이다. 2000년 김금자 할머니는 아름다운재단에 1억 원을 기부한다. 자신처럼 고아인 청년들을 위해 써 달라고 했다. 이 일을 계기로 아름다운재단은 2001년부터 보호 종료 청년들에게 교육비와 주거비를 지원하는 등 이들이 자립할 수 있도록 여러 도움을 주고 있다.

　2019년부터는 기술교육이나 교육비 지원 등을 넘어 이들에 대한 사회의 인식 개선에도 힘쓰고 있다. '열여덟 어른' 캠페인이 대표적이다. 아름다운재단은 이 캠페인을 통해 보호 종료 청년 당사자들이 제 목소리를 낼 수 있게 했고, 자립 지원 정책이 개선되도록 이끌었다. 그 결과 2019년 자립수당제가 도입됐고, 퇴소 시 지급되는 자립정착금도 인상됐다. 자립정착금은 2019년에는 500만 원이었는데, 2020년부터(지자체에 따라 조

^{금 다르긴 하지만)} 1천만 원에서 2천만 원까지 늘어났다. 기업들도 다양한 장학금을 마련해 보호 종료 청년들을 돕고 있다. 한국 토지주택공사^ㅂ에서는 전세 임대아파트 입주자 모집 때 보호 종료 청년에게 우선순위를 준다.⁹⁵

청년 A(3년 차):
"아직은 괜찮아요"

보호 종료 청년들은 실제로 어떻게 살고 있을까. 나는 2024년 4월과 5월 두 달 동안 보육원에서 일하는 교사 2명, 보호 종료 청년 4명을 만나 보호 종료 청년들의 삶에 대해 들어 보았다. 1970~80년대에 보육원에서 성장한 아동권리연대 조민호 대표도 만났다. 조 대표 외의 분들은 개인 정보 보호를 위해 실명을 밝히지 않았다.

"차라리 보육원에 보내 줘!"

먼저, 보호 종료 청년 A 이야기다.

A의 부모님은 A가 네 살 때 이혼했다. 이후 A는 아버지

와 지냈다. 혼자 아들을 키우기 힘들었던 아버지는 얼마 지나지 않아 A를 보육원에 보냈다. 3년간 ㄱ 보육원에서 지냈다. 초등학교 1학년 때 아버지가 다시 찾으러 와 집으로 돌아갔다. 아버지는 곧 재혼했고, 새엄마의 손찌검이 시작되었다. 괴로운 나머지 A는 울면서 "보육원에 다시 보내 달라"고 아버지를 졸랐다. 아버지는 보내 주지 않았다. A는 혼자 예전 보육원을 찾아가겠다며 여러 번 가출했다. 결국 아동일시보호시설로 보내져 3개월간 머문 뒤 ㄴ 보육원으로 보내졌다.

보육원에서 기다린 것은 형들의 주먹질이었다. 처음에는 매일 울었다. 억울하고 반항하는 마음이 컸다. 하지만 "부모에게 버려졌다"는 생각에 집으로 돌아가고 싶은 마음은 들지 않았다. 형들이 때리면 그냥 맞으며 체념했다. 그러다 "여기서 어떻게든 살아 내자"고 마음을 고쳐먹었다. 유일한 도피처는 책 읽기와 컴퓨터 게임이었다.

"그래도 갈 곳이 있으니까요"

2019년 A는 특성화고등학교에 진학했다. 때마침 수학 선생님이 대학 진학 동아리를 만들었다. A는 동아리를 소개하는 선생님을 보며 "갑자기 공부를 하고 싶어졌다." "선생님이 예뻐서"
만은 아니었다.

동아리에 들어가려면 시험을 통과해야 했는데, A는 빵점
을 받았다. 책 읽기는 좋아했지만 공부를 잘한 편은 아니었다.
다행히 면접을 잘 봐서 통과되었다. 이때부터 A는 공부에 재
미를 붙였다. 전교에서 1, 2등을 하다 학교를 졸업했다. 열심히
공부하기로 마음먹은 무렵 보육원 원장님도 새로 오셨다. 원장
님은 "공부하려는 학생은 뭐로든 밀어주려는 열정이 큰 분"이
었다. 원장님의 지원 덕분에 A는 인지도 높은 4년제 대학에 입
학했다.

A는 자신에게 좋은 영향을 끼친 사람으로 초등학교 4학년
때 만난 보육원 봉사자도 꼽았다. 이분은 "그냥 이유 없이 (네가)
많이 생각났다"며 A에게 늘 안부를 묻고 마음을 써 주었다고
한다. "물질적으로 챙겨 준 건 단 한번도 없었"지만 지금까지도
자주 연락하며 지내고 있다.

A는 외가와도 연락하면서 지냈다. 아버지는 보육원에 들
어온 후 연락이 끊겼고, 가끔 연락을 주던 엄마와도 어느 순간
연락이 끊겼다. 하지만 외할머니, 외할아버지와는 자주 연락
하며 지낸다.

"할머니, 할아버지도 사실 뭐 날 키워 준 건 아니니까, 완전 가족이라고 생각하지는 않지만, 그래도 명절이나 가족들이 모이는 중요한 그런 날 있잖아요. 그런 날에는 가족 있는 애들은 보육원에서 집에 다녀오라고 해요. 그때마다 저는 그래도 갔으니까. 그나마 갈 곳이 있었다는 것, 그 자체에 좀 감사했거든요."

"저는 운이 좋은 편이에요"

부모에게 "버려졌다는 느낌"이 트라우마로 남지는 않았을까. 그것이 자립에 걸림돌은 되지 않았을까. 내 질문에 A는 이렇게 대답했다.

"어렸을 때 저는 남이라고 이미 선을 그어 놔서, 이때 이미 저는 가족이 없다고 생각을 해 놔서. 솔직히 할머니, 할아버지도 (…) 물론 자주 왕래를 했던 건 맞는데, 지원을 해 준 것도 아니고, 남들이 생각하는 가족이라고 생각하지는 않거든요. 근데 엄마, 아빠는 더, 아예, 당연히 가족이라고 생각 안 하죠."

그런 생각이 들 때면 슬프고, 상심도 크지 않았을까. A는
말했다.

"그건 그러니까 그 순간은 (…) 근데 이미 어렸을 때, 다 털어내
서, 지금은 뭐 아무렇지 않아요, 오히려. 그냥 원망 정도는, 저
도 솔직히 뭐 없을 수는 없겠죠. 아예 없다고 할 수는 없겠지
만, 이제는 진짜 아무렇지도 않아요. (…) 지금은 이렇게 잘 살
고 있으니까. 저 너무 좋거든요. 어쨌든 학교도 내가 원하는
학교 갔고, 내가 원하는 데서 지금 살고 있고."

A는 본인이 열심히 했고, 운도 좋았다. 퇴소하던 2022년
에는 정부의 보호 종료 청년에 대한 지원 정책이 개선되고, 기
업 관심도 높았다. A는 자립정착금에 자립수당, 후원금, 기업·
학교·정부가 주는 장학금과 보조금 등으로 큰 어려움 없이 살
곳을 구하고 학비도 낼 수 있었다. A처럼 퇴소 후 잘 정착하는
경우가 얼마나 될까.

"10퍼센트? 10퍼센트도 솔직히 많아요. 저의 이 상황이 일반
적이지는 않죠. 저는 어쨌든 초등학교 때 너무 할 게 없어서
책을 많이 읽었고, 그리고 좋은 사람들을 만나서 공부를 한 거

잖아요. 이게 진짜 근데, 이렇게 될 확률이 진짜 말이 안 돼요. 생각보다 (좋은) 사람들을 만나는 것도 어렵고, 그 기회조차 없어요. 물론 서울 지역에 있는 보육원들은 학원도 보내고 후원자도 많고 기회가 꽤 많은데. 지방에 있으면 (…) 그런 게 조금 힘들어요."

그렇다면 나머지 90퍼센트의 보육원 아이들은 어떤 삶을 살고, 자립 후 어떻게 살아가고 있을까.

청년 B(1년 2개월 차):
"아이들한테 약 먹이지 마세요!"

2009년 여섯 살 무렵 B는 보육원에 보내졌다. 그전의 기억은 없다. 엄마 집에 있다가, 친할머니 집에 있다가, 다시 작은아버지 집에 있다가 보육원에 보내졌다는 것만 알고 있다. 누나와 동생도 있었지만 어떻게 되었는지 모른다.

보육원에서 지낼 때부터는 생생하게 기억난다. 끝없이, 다양한 방식으로 맞았던 곳이다. 맞는 것도 힘들었지만 선생님들의 도움을 받지 못해 억울한 마음이 컸다. "초등학교 5학년 때는 자살하고 싶은 생각"까지 들었다.

"여섯 살 땐가 일곱 살쯤부터 형들한테 맞았어요. (그럼) 쌤(선생님)들한테 일렀어요. 그러면 (이른다고) 형들이 또 때렸죠. 그런데 쌤들은 방관했고, 쌤들도 저를 회초리로 또 때렸어요. 그때 많이 폭력을 썼는데, 그게 (거기) 문화였어요. 중3 때까지는 맞고 살았을 거예요. 쌤들은 방관했고 (…) (난) 혼자라고 생각을 했었죠."

B는 "일러도 안 되는" 걸 알고는 체념한 채 살았다.

강제로 먹인 약

B의 기억에 따르면 형들의 폭력은 중학교 1학년 때 가장 심했다. 이후 폭력당하는 일은 점점 줄어들었지만, 그 대신 원치 않는 정신과 약을 먹어야 하는 또 다른 형태의 고통이 시작되었다.

"저를 장애인 취급을 하면서 정신과 약을 먹였는데, 저는 항상 먹기 싫다고 했거든요. 안 먹으면 이번엔 원장님이 형들을 불러와 가지고 때리게 했어요. 그래서 어쩔 수 없이 먹었죠. 강제로 먹인 거죠. 고등학교 때는 좀 많이 힘들었어요."

약을 먹으면 "졸린데, 사람들이 건드리니까 화가 나고 더

예민해지고 감정 조절"이 힘들었다. 자연 "난동을 부리게 되고", 그럼 다시 약을 먹어야 했다. 그 무렵 "자살하고 싶다는 생각"이 되살아났다.

보육원에 들어와서도 아버지, 친할머니와는 계속 연락을 했다. 하지만 보육원 상황을 전해도 도움을 받지 못했다. 모두 B만을 탓하고 도리어 사소한 것까지 지적을 했다. B를 이해하고 감싸주고 도움을 줄 사람이 주변에 없었다. 약을 먹고 난동을 피우는 일이 계속되자 고등학교 2학년 때는 급기야 정신병원에 입원하게 되었다. B는 자해를 시작했다. B가 금이 그어져 있는 손목을 보여 주었다.

"여기 보이죠? 까만색 살짝 보이죠? 고2 때 너무 힘들어 가지고…"

다행히 석 달 정도 있다가 병원을 나왔다. 하지만 그다음의 삶도 어렵기는 마찬가지였다.

텅 빈 곁

B도 A처럼 보육원, 학교에서 좋은 선생님들을 만났다. 하지만 다 멀어지고 말았다.

"보육원에서 잘해 줬던 쌤들도… 유치원, 제가 일곱 살 때 보육원에 여자 쌤이 왔어요. 그 쌤이 저한테 너무 잘해 준 거죠. 그런데 그만두셨고. 중학교 1학년 때 ○○○ 쌤도 저한테 많이 잘해 줬죠. 근데 그 쌤도 나갔고. 과거에 좋았던 사람들도 나이가 들면서 점점 멀어지고…"

B가 "의지했던 사람들"은 다 곁에서 떠나고, 남아 있는 사람들은 원치 않는 것을 시켰다.

"한 번 이런 일이 있었어요. 예전 원장님이 당시에 애들 학원 보냈을 때요. 저는 컴퓨터 자격증을 너무 따고 싶었어요. 그래서 원장님한테 '저 컴퓨터 학원 보내 주면 안 돼요'라고 하니까 '넌 그런 거 못하니까 수영학원에서 (수영 열심히 해서) 장애인 대회 나가 가지고 금메달 따는 게 너한테 제일 좋을 거야' 하는 거예요."

이렇게 해서 B는 컴퓨터를 배우는 대신 계속 수영을 했다. 싫은 것만 하도록 강요받는 것이 싫어 B는 가출했다. 혼자 제주도에 간 적도 있다. 하지만 가출 생활을 버틸 수 없어 다시 할머니 집이나 보육원으로 돌아오곤 했다. 고등학교 3학년 때는 보육원의 허락을 받고 보육원 출신 형 집에서 살며 아르바이트에 매진하기도 했다. 아버지 덕분에 약도 끊을 수 있었다.

"고3 때 병원 나오고 나서부터 아버지가 '너 이 약 먹지 마!' 해 가지고 그때부터 안 먹고 나서부터 점점 나아진 거죠. 아버지한테는 약간 긍정적인 도움을 받았기 때문에 그래도 고마운 게 있어요."

아르바이트는 B가 몸과 마음을 회복하는 데 어느 정도 도움이 되었다.

"그때부터 제가 사람이 됐거든요. 말도 잘하고. 밥 습관도 많이 좋아지고. 일을 하면서 그때부터 많이 좋아져 가지고. (…) 근데 약간 후유증 같은 게 있는 것 같아요. 아직 트라우마도 있고. (…) 그런데 아르바이트로 전 성공을 한 거죠."

"제발, 약 먹이지 마세요!"

B는 2023년 3월 퇴소했다. 이후에는 LH 전세 임대아파트에 입주했다. 자립정착금, 자립수당, 후원금, 기초생활보장수급비에 아르바이트를 해서 번 돈으로 생활하고 있다. 그러다 2024년 1월 일을 그만두었다. "살면서 하고 싶은 것을 해 보고 싶었기 때문"이다.

> "컴퓨터 사고, 하고 싶었던 번지 점프나 패러글라이딩 등등 하고, 핸드폰도 사고 지갑도 바꾸고, 하고 싶은 거 많이 했어요. 어쨌든 최종 목표는 취업이지만, 어차피 일만 하게 되는데, 스무 살 인생이 약간 좀 아깝지 않기 위해서는 지금 좀 놀고 싶은 게 커요."

B는 주로 하늘을 "나는 것"에 시도해 보고 싶었다. 인터뷰 당시 이미 패러글라이딩은 해 본 뒤였다. 얼마 전엔 뷔페에서 밥도 먹었단다. 이런 시도들을 통해 예전의 힘들었던 삶을 "점점 보상받고 있는 느낌"이었다. 하지만 친구가 없어 모든 것을 혼자서 하고 있다.

"혼자 갔었어요. (…) 너무 하고 싶었어요. 나는 걸 하고 싶었거든요. 나는 거. 패러글라이딩은 했고. 그다음에는 번지 점프도 하고, 워터파크도 가려고요."

'같이 갈 친구가 없냐'는 질문에 B는 "친구가 있는 게 신기한 거죠"라고 대답했다. B의 삶을 돌아보면 그럴 수도 있겠다.

B는 현재 부모와 연락하지 않고 있다. 아버지는 퇴소한 B에게 돈을 빌려 달라고 했다가 거절당하자 연락을 끊었고, 어머니는 "엮여 봤자 다시 버릴 것" 같아 B가 만나고 싶지 않다. B가 지금 원하는 것은 앞으로 살아가는 데 "도움이 되는 사람을 만나는 것"이다. 당장은 많이 외롭지만, 그런 사람을 만나리라는 희망을 놓지 않고 있다.

"솔직히 도움되는 사람을 만나고 싶어요. 제 취업이나 그런 거에 대해서요. 항상 혼자라 외롭긴 하죠. 근데 그냥 수긍하고 사는 거예요. 나중에 가면 봄날이 있겠죠. 인생을 열심히 살다 보면 뭐 답이 있겠죠."

마지막으로 B는 보육원 아이들에게 약 먹이는 것을 금지하는 데 이 책이 도움이 되면 좋겠다고 밝혔다.

청년 C(5년 차):
내겐 너무 어려운 사회

C는 태어난 곳도, 부모도, 어떻게 보육원에 가게 된 건지도 모른다. 성과 이름, 생일까지 다 보육원에서 만들어 주었다. 이름이 마음에 안 들어서 얼마 전 개명했다. 보육원에 들어간 건 2003년 세 살 무렵이고, 보육원에 관한 최초의 기억은 다섯 살쯤 보육원을 뛰어다니던 것이었다. 부모님을 찾고 싶었지만, 퇴소 후 받는 자립정착금을 빼앗으려고 나타나는 부모가 있다는 소리를 어릴 때부터 들은 터라 그런 마음을 접었다.

"어렸을 때부터 계속 들은 건 퇴소하고 나서 저희 통장이 있잖아요, 그거를 빼앗으러 오는 부모님들이 계신다고요. 어렸을 때부터 들었으니까 찾고 싶어도 찾기가 싫더라고요. 지금까지 찾지도 않았던 사람들이 내가 성인이 되면 그렇게 할까

봐 좀 무서웠어요."

C는 반항하거나 말썽을 부리지는 않았다. "잘 웃고 인사 잘하면 후원자님들이 예뻐해 주고 돈을 주기도" 했기에 밝게 지내는 편이었다. 보육원 생활이 부끄럽지 않았는데, 초등학교 6학년 때부터는 신경이 쓰였다. 보육원에 산다는 말을 절대로 먼저 꺼내지 않았다. 이를 안 보육원 선생님이 "어차피 너는 여기서 2020년까지 살아야 해. 그냥 받아들여라"고 조언해 준 덕분에 중학교 때부터는 친구들에게 그냥 공개했다. 보육원에 살면서 특별히 어려운 건 없었지만, 함께 방을 쓰던 언니들이 힘들게 해서 괴로울 때는 있었다.

"그냥 뭐 방 청소하라고 하거나 (…) 물건이 사라지면 저를 막 의심하더라고요. 그런 것 때문에도 힘들고. 또 머리카락 떨어진 거 뭐라 하고. 2층 침대에 있다가 제가 삐거덕댔다고 때리고."

"선생님들도 어쩔 수 없는 언니들"이었기에 빨리 시간이 가기만을 기다리며 참았다. 어느덧 고학년이 되었고 퇴소를 눈앞에 두었다. 특별한 자립 준비 프로그램은 없었다. 3박 4일 동안 '혼자 살기' 연습이 전부였다.

"다른 지역 가 가지고 3박 4일 동안 혼자 있는 체험을 하거든요. 돈을 주시고요. '음식비, 체험비, 버스비 이런 걸로 써라' 하면서 주시죠. 그 돈을 쓰면서 혼자 사는 체험을 하는 거예요."

"웬만해선 다 해 먹어라"는 선생님 조언도 있고 요리도 좋아하는 편이라 먹을 것은 직접 요리했다. 박물관도 가고, 아는 언니와 카페에서 만나기도 했다. 재미있었지만, 단체 생활에 익숙해서 혼자 자는 게 무서웠다. C는 지금도 만화 〈짱구는 못 말려〉를 틀어 놓고 잔다. 아기 목소리라도 들으면 안심이 되기 때문이다.

사기당한 일

C가 퇴소했던 2020년 자립정착금은 500만 원이었다. 후원금 통장, 디딤씨앗 통장♦ 등에 든 돈까지 합해도 1천만 원이 안 되었다. LH 전세 임대아파트♦♦에 입주했다. 자립정착금 중 200만 원은 전세 보증금 일부로 썼다. 부동산 중개인의 "전 세입자

는 5년 정도 살다가 집 사서 나갔다, 돈복이 있는 집이다"는 말만 믿고 계약했는데, "해도 안 들고 곰팡이가 피는 집"이었다. 힘들게 2년을 버텼다. 전세 임대아파트는 2년 단위로 갱신하기 때문에 두 번째 집을 찾아 나섰다. 이번 집은 "벌레가 너무 많았다." "바퀴벌레, 돈벌레, 지네"와 사투를 벌이다 보니 2년이 또 지나 있었다. 세 번째에야 제대로 된 집을 구할 수 있었다. 하지만 "아직 여름을 지내 보지 않아 집 상태가 어떨지는" 더 지켜봐야 한다.

퇴소 후 C는 "빨리 돈을 많이 모아 집도 사고, 결혼도 하고 싶어" 바로 호텔에 취직했다. 보육원 이사장님이 소개해 준 곳이었다. 하지만 "어리고, 일을 잘 모르고, 낙하산으로 들어왔다"는 이유로 "무시만 당하다" 10개월 만에 그만두었다. 잠시 편의점에서 아르바이트를 하다 아는 언니 소개로 콜센터에 취

디딤씨앗 통장 취약계층 아동이 사회 진출에 필요한 초기 비용을 마련하는 데 도움을 주기 위해 2007년부터 시행된 제도다. 매월 아동이 적금한 금액만큼 정부가 적립해 준다. 2024년 현재 아동은 최대 월 5만 원씩 적금할 수 있다.

LH 전세 임대아파트 LH에서 주택 소유자와 전세 계약을 한 후 이 집을 '주거 지원 시급 가구'에 다시 임대해 주는 제도다. 전세금 지원 한도액은 지역마다 다르다. 수도권은 2024년 현재 1억 2,000만 원까지 지원해 준다. 입주한 보호 종료 청년은 보통 전세금에서 100만 원 정도를 부담한다. 지원 한도액을 초과할 경우엔 입주자가 초과액을 부담해야 한다. 계약은 2년 단위로 하고, 2023년 현재 7회까지 재계약이 가능하다. 4년째까지는 LH에서 빌린 돈의 이자를 내지 않지만, 5년째부터는 지원금의 1~2퍼센트의 이자를 낸다.

직했다. 그런데 나중에 물건까지 팔라고 해서 7개월 만에 그만 두었다.

"처음에는 좋았는데 갑자기 어느 순간부터 저보고 TV를 막 팔래요. (…) 근데 저희는 고객 개인 정보 이런 거를 볼 수 있잖아요? 보니까 TV가 두 대나 있는 집이에요. 그런데도 그 사람한테 또 팔래요."

거쳐 온 두 곳 모두 급여는 180만 원 정도였다. 공과금, 식비, 교통비, 인터넷 사용료, 휴대폰비 등을 내면 남는 게 거의 없었지만 그래도 조금이라도 남겨 저축을 했다. 그런데 사기를 당해 이 돈을 모두 날렸다.

"코로나 때문에 한 달 쉬는데, 아는 오빠가 '야, 쉬는 동안 피부(관리) 한 번 받고 와' 이러면서 1만 원을 준 거예요. 그래서 갔죠. 사기꾼들은 말을 아주 잘하잖아요. 귀에 쏙쏙 꽂히는 거예요. 그래서 그냥 '조금만 해(관리받아) 보겠다'고 했는데 이 사람들이 그냥 마음대로 계약서를 써서…"

자립정착금 받은 건 적금에 넣어 잃지 않았지만, 회사 다니며 어렵게 모은 300만 원은 모두 잃은 것이다. 엎친 데 덮친 격으로 얼마 뒤엔 "한쪽 다리를 못 쓸 만큼" 다쳤다. 남은 돈은 병원비로 다 들어갔다. 모자라 친구에게 빌리기까지 했다.

> "빨리 취업해서 돈을 벌려고 했는데, 그게 마음대로 안 되더라고요."

더는 사회생활을 할 자신이 없었다. 주변 사람들이 C에게 어린이집 일이 잘 맞을 것 같다고 북돋워 주었다. 그 말을 듣고 보육교사 자격증을 땄다. 막상 일을 시작하니 "아이들은 좋았지만, 부모님 상대가 힘들"었다. 일을 그만둔 뒤에야 "어렸을 때부터 해 보고 싶었던 사회복지사를 해 보자"는 결심이 섰다. 2024년 2년제 대학에 들어갔다.

소망은 취직하고 결혼하는 것

대학에 들어가니 돈이 많이 부족했다. 기초생활보장수급비와 자립수당을 합한 120만 원 정도로는 생활을 이어 갈 수 없었다. 아르바이트를 해서 부족한 돈을 충당하려 했지만, 100만 원이 넘으면 수급비가 깎여 그럴 수도 없었다. 결국 한 달에 200만 원 선에서 생활하고 있다.

C는 아파트에 5년째 살고 있다. 올해부터는 LH가 빌려준 돈의 이자도 내야 한다. 이런 현실이다 보니 취미나 문화생활은 꿈도 못 꾼다. 다행히 한국장학재단에서 실시한 프로그램 덕분에 하루에 5시간 동안 지역아동센터에서 일하게 되었다. 매달 100만 원 정도를 받을 수 있다. 장학금 형식으로 지급되는 돈이라 수급비가 깎이지 않는다. 성적을 평균 C 이상으로만 유지하면 졸업 때까지 받을 수 있다.

"솔직히 아이들이랑 1시간만 놀아 줘도 힘들어요. (…) 요즘에는 집에 가자마자 뻗고, 이러면서 하루가 다 끝나요. 그래도 뭔가 재밌더라고요. 요즘이 자립하고 나서 제일 살 만한 거 같아요."

C의 소망은 소박하다. 지금 버는 100만 원은 계속 저축하고, 졸업 후 바로 취직하고, 머지않아 결혼하는 것. 부디 무탈하게 이 계획이 이루어지길 빈다.

요즘의 보육원 아이들

A와 C는 인터뷰 도중 "요즘 보육원 애들은 우리(자신들) 때와 다르다"는 말을 거듭했다. 무엇이 다르다는 것일까. 첫 번째 다른 점은, 장애아가 많아졌다는 것이다. 그런데 장애 전문 보육교사는 없다. 두 번째는 가정 학대를 당한 아이가 많이 들어오고 있고 그중에는 행동 장애를 보이는 아이도 많다는 것이다. 보육원에서 이들에게 ADHD(주의력 결핍/과다 행동 장애) 약을 처방하는 사례가 늘고 있다. 세 번째는 설거지나 청소 등 집안일을 돕지 않고 모바일 게임을 하거나 TV만 보는 아이가 많아졌다는 것이다. C는 이렇게 비교했다.

"저희 때는 같이 요리도 하고, 당번 정해 가지고 뭐 추석 때나 그럴 때 송편 같은 거 만들고 전 부치고 막 그랬거든요. 그리

115

고 더 옛날에는 설거지를 저희가 했었어요. (팀을) 정해서 하고, 다 같이 청소를 하고 이런 게 있었는데, 커 가면서 보니까 이제 청소하는 사람은 선생님들밖에 없더라고요. 요즘 애들은 나가서 노는 것도 안 하고 그냥 핸드폰만 하더라고요. 언젠가부터 그러더라고요."

많아진 가정 학대 아동

보육교사* 역시 A와 C의 지적에 동의하면서 우려도 표시했다. 특히 최근에 가정 학대로 들어오는 아이가 많다고 했다.

"요즘은 학대로 들어오는 애들이 많은데요. 구더기 속에서 발견된 아이도 있고, 영양실조로 몸이 불편해서 오는 아이도 있고, 방임으로 성장이 더뎌져 초등학교에 입학했는데도 말을 못하는 아이도 있어요. 보육원 환경이 분명히 많이 좋아졌는데도 아동 학대로 인해 애들 마음의 상처가 너무 많은 것 같아요."

보육교사 보육사라고도 하는데, 보육교사가 더 일반적으로 쓰이고 한국보육진흥원에서도 보육교사로 쓰고 있어 이 책에서는 보육교사로 썼다.

가정 학대를 당한 아이들 중에는 A와 C의 말처럼 심하게 반항하거나 무기력한 모습을 보이는 등 행동 장애를 보이는 아이들도 있다. 한 보육교사의 토로다.

"학대를 받다가 초등학교 이후에 입소하는 애들이 많아요. (이 아이들은 보육원에 와서) 싸우기도 많이 싸워요. (…) 저희한테 소리를 지르거나 때리기도 하고. 그러니까 감정 조절을 못하고 그냥 반항하죠. 또 학대받은 아이들은 망상 증세나 피해 의식이 심한 편이라 저희가 좋은 의도로 말해도 그대로 받아들이거나 믿지 않아서 지도하기가 힘든 경우가 많아요."

결국 이런 아이들에 대한 해결책은 ADHD 약 처방이다. 한 보육교사는 2016년 전후에 ADHD를 알게 되었고 그 시기에 처음 아이에게 투약했다고 털어놓았다.

"요즘은 ADHD가 엄청 많죠. 제가 ADHD 약을 (보육원 아이에게) 처음 먹였을 때가 2016, 7년? 초등학교 3학년 친구가 들어왔는데 학대예요. 그러니까 그 아이 아버지가 재혼했는데 계모한테 학대를 당한 거고, 왔을 때 화도 엄청 많고, 고등학생 형한테 막 대들고. 소화기를 복도에다 막 뿌리고 (…) 근데 계모 앞에서는 아무것도 못하는데 시설에 딱 와 가지고는 그런 식인 거예요. 그래서 병원 치료받았고, 그때 ADHD라는 걸 저는 처음 접했어요."

문제는 아이들의 말보다 보육교사들의 말을 듣고 약 처방이 내려진다는 것이다.

"말 안 듣는다고 해서 애들을 때리는 것도 문제지만, 약을 먹이는 게 맞나 하는 생각도 들었어요."

보육교사는 어쩔 도리가 없다고 한숨을 내쉰다. 아동 인권을 보호해야 한다는 사회적 인식은 높아졌지만, 어디까지가 인권 보호고, 침해고, 아동 학대인지 구체적인 가이드라인이 없어 교사들은 난감할 때가 많다고 한다.

"예를 들면 아이들이 휴대폰을 끼고 살잖아요. 그럼 저는 '아니 애들이 이렇게 통제가 안 되면 휴대폰 정도는 못 쓰게 거둬 갈 수 있는 거 아니냐? 이게 아동 인권에 정말 문제가 되는 거냐? 학교를 한 달 동안 안 가는 거를 방치하는 게 아동 학대지.' 저는 이렇게 얘기를 하는데, 시설 입장에서는 아이들이 인권 침해나 아동 학대라고 신고할까 봐 무서운 거죠. 그러니까 아동 학대에 대한 정의가 좀 애매모호해요."

그렇다면 ADHD 약을 먹으면 휴대폰도 덜하고 보육원 지도에 잘 따르고 학교생활도 잘할까. 한 보육교사는 "좋아지는 것은 잘 모르겠다"고 말했다. 그런데도 한 학생은 초등학교 3학년 때부터 시작해 고등학교 1학년인 지금까지도 먹고 있단다. 보호 종료 후 이 학생은 어떻게 될까. 약을 먹으면서도 혼자 자립을 잘할 수 있을까.

과로에 시달리는 보육교사들

보육교사들은 행동 장애가 있는 아이들을 좀 더 세심하게 돌볼 여력이 된다면 약에 의존하지 않고도 행동을 교정할 수 있지 않을까 하고 생각은 한다. 하지만 그런 학생들에게 전념하기 어려운 환경이라 손을 놓는 것이다.

"저희 보육원의 경우 직원이 17명이에요. 조리사님 빼고 사무실에서 원장님, 사무관 선생님, 회계 선생님이랑 자립 담당 선생님 등을 빼면은 사실 아이들을 직접적으로 보는 보육사 선생님은 9명이에요. 직원은 많은데 보육사 선생님은 많지 않죠."

이 보육원은 보육교사 9명이 3교대로 근무한다. 이 중 누가 휴가를 쓰거나 외근이라도 나가면 한 명이 맡는 아이 수가 더 많아진다. 여기에 처리할 행정 업무까지 많다.

"보육교사가 보육만 할 수 있으면 너무 좋을 텐데요. 근데 저희는 보육 일지 써야죠. (처리할 행정 업무가 많아요.) 아이들이 얘기하고 싶어 해도 '나중에. 나중에 얘기하자' 해요. 얼마 전에도 한 아이 상담 좀 하려고 생각은 했는데, 제 일이 바쁘다 보니 짧게 하고 말았어요. 아이들 보다 보면 최소 밤 9시거든요. 이후에 아이들한테 오늘 하루 무슨 일이 있었는지 일지를 저녁에 한 30~40분 써요. 예전에는 저녁 먹고, 우리 축구나 한 판 하자, 이따가 뭐 하자 하고, 애들이랑 놀고 그냥 자면 됐어요. 근데 지금은 아이들이 후원금을 어떻게 썼는지부터 시작해 가지고 일지를 써야 해요. 이런 것들이 다 필요한 건 알겠는데, 이런 걸 하다 보니까 사실 아이들하고 놀 시간이 없죠.

저녁 먹으면 빨리 씻기고 빨리 숙제시키고 빨리 재워야 해요. 그래야 제가 일을 할 수가 있죠. 그러니까 불과 한 5년 전까지만 해도 제가 애들이랑 새로운 도전 많이 했거든요. 운동장 가서 그냥 텐트 치고 자자, 그런데 지금은 그런 걸 할 여력이 없죠. 그러니까 저는 그래요. 보육교사 일만 줄여도 저희가 아이들하고 함께할 수 있는 것이 많다고요."

집안일 배울 기회도
점점 사라져

보육원 아이들이 보호 종료 후 가장 먼저 맞닥뜨리는 어려움은 무엇일까. 밥 짓기, 빨래, 청소 등 집안일이다. 살아가는 데 기본적인 이런 일들을 미리 충분히 알려 주지 못하는 것 역시 보육교사의 과중한 업무와 관련이 있을 것이다.

"그런 걸(요리나 빨래) 아예 못하니까 (자립한) 애들 집에 가면은 막 더럽게 어질러져 있어요. 이전에는 요리 교실도 있었고, 아이들에게 용돈 줘서 자기가 사고 싶은 거 사고 하면서 돈 관리하는 것도 알려 주고 했어요. 집 떠나기 프로그램 같은 것도

있어서 본인들이 펜션 숙소를 직접 예약도 해 보고, 마트 가서

장도 보고 그랬는데. 가면 갈수록 그럴 기회가 줄어들어요."

청년 D(1년 차):
"공허함은 아직도 있죠"

지금까지의 얘기를 종합해 보면, 보호 종료 청년들이 자립해가는 길이 평탄해 보이지는 않는다. 그중 가장 근원적인 걸림돌은 무엇일까. 다음 청년들의 이야기에서 그 답을 헤아릴 수 있을 듯하다.

친할머니가 아니었다!

D는 초등학교 6학년 때까지 친할머니와 살았다. 할머니 건강이 나빠져 보육원으로 간 경우다. D는 보육원에 가기 전 충격적인 사실을 알게 된다. 할머니가 친할머니가 아니었던 것이다! 자세한 내막은 모르지만, 아마도 D의 엄마가 '당신 아들의

딸'이라며 맡겼던 게 아닐까 싶다. 할머니는 나중에 사실이 아님을 알면서도 D를 친손녀처럼 돌봐 주었다.

"저한테 할머니가 해 주신 말이 정확하게 기억이 나요. '이거는 너가 커서도 충격받고 어려서도 충격받을 건데 어려서부터 아는 게 낫다. 충격받을 수도 있지만 너는 내 친손녀가 아니다'고 얘기해 주셨어요. 근데 '그런 거를 막 속상해하거나 상처받거나 하지 않았으면 좋겠다'고 이렇게 얘기도 해 주셨어요."

D는 충격보다 할머니와 헤어지고, 살던 곳을 떠나야 하는 슬픔이 더 컸다.

"고모(할머니 딸)가 '할머니도 아프시고 할아버지도 아프셔서 이제 너를 키울 여력이 안 된다. 그래서 다른 데로 가게 됐다'고 해서 펑펑 울었어요."

D는 초등학교 6학년 때인 2016년부터 2023년 퇴소할 때까지 트라우마로 남을 만한 특별한 사건 없이 보육원에서 보냈다. "워낙 사람 많은 것을 좋아하고", "새로운 곳에 적응을 잘

하는 편이라" 함께 사는 아이들과 장난도 치고, 싸우기도 하고, 화해도 하면서 잘 지냈다. 보육원에 사는 것을 친구들에게 숨기지도 않았다.

> "저는 웬만해선 애들이랑 잘 안 싸우는 편이에요. 근데 초등학교 때 시설에 사는 게 다 까발려져서⋯ 왜냐하면 보육원 차가 학교에 오고 하니까 그게 막 까인단(알려진다는) 말이에요. 그러니까 중학교 가서도 '쟤 보육원 살아'라고 소문나고⋯ '소문나면 나는 대로 사는 거지' 약간 이랬던 것 같아요. 고등학교 때도 그냥 애들한테 다 커밍아웃했어요. '나 시설 살아' 그랬고."

부모가 없다는
결핍감

그런데 보육원에 살면서 새로 알게 된 것이 있다. 할머니와 살 때는 몰랐던 부모가 없다는 결핍감이었다.

> "중고등학교 때는 생각도 많아지고 그럴 나이잖아요. 친구네 집에 많이 놀러 가고 그랬는데, 애들은 다 부모님이 계시잖아

요. 엄마, 아빠 이런 온기에서 지내는데 저는 그런 걸 한번도 느껴 보지 못했던 것 같아서… 그래서 '엄마가 있었으면 내가 좀 달랐을까?' 막 이런 생각 많이 했던 것 같아요."

이 때문에 친구들과 즐겁게 놀아도 D에게는 항상 우울감이 있었다.

"사실 시설에 살 때도 기분이 오락가락 많이 하고 우울감이 있긴 했어요. 시설에서 지내서 꼭 그랬던 건 아니고, 가장 많은 (우울감) 이유는 부모님이 없다는 거, 그거밖에는 없었던 것 같아요. 그냥 뭐 무슨 일이 있으면 '나는 엄마가 없어서 이런가?' 이런 생각 들고… 어떻게 (부모를) 찾는지 몰라서, 시설 안에서는 제가 어떻게 할 방법이 없으니까, 그냥 우울해하기만 했죠. 약간 사랑받고 싶다, 약간 칭찬받고 싶다, 약간 그런 거. 그리고 (부모가 없어서) 억울한 것도 많았고."

D는 보육원 차를 타고 가다가 친한 친구 집 앞에 내려 친구와 함께 등교하곤 했다. 그때마다 친구 부모님은 D를 반갑게 맞아 주었다. D는 그런 부모님을 둔 친구가 부러웠다. 그래서 친구들과 잘 지내도 늘 "공허한 마음"이 있었다.

"그래서 저녁마다 좀 만날 슬펐던 것 같아요."

2023년 D는 자립정착금 1천만 원에 후원금과 디딤씨앗 통장에 든 돈을 합한 1천만 원, 그러니까 2천만 원이 넘는 목돈을 들고 LH 반전세 임대아파트를 구했다. 신축이라 깨끗하고 베란다도 있는 "살 만한" 곳이었다. 계속 연장해서 살 생각이다.

2년제 대학 사회복지학과에도 진학했다. 보육원에 있던 사회복지사 선생님처럼 좋은 선생님이 되고 싶었기 때문이다.

"고등학교 때 친해진 애들이 다 담배를 피워서 저도 거기에 물든 거죠. 그런데 (보육원에서는) 문을 잠가 놓으니까 못 나가겠고. 그래서 집 안에서 피우다가 쌤(선생님)한테 걸렸는데, 쌤이 나가서 피우라고 문을 열어 줬어요. 하다 하다 안 되니까. 근데 그런 선생님 모습이 좋았어요. 그래서 나도 쌤처럼 그렇게 아이들을 지도하는 복지사가 되자 생각을 한 거죠."

D의 출발은 순조로웠다. 하고 싶은 일도 있고, 학교도 들어갔고, 안정적으로 살 집도 구하고, 목돈도 어느 정도 있었다. 하지만 곧 문제가 터졌다. 고등학교 때부터 사귀던 남자친구 때문에 자립정착금을 "흥청망청" 거의 다 써 버린 것이다.

"(남자친구가) 집 비번(비밀번호)을 안 알려 준다고 뭐라 그래서 알려 줬는데, 들어와서 내 카드 가져가서 막 쓰고 그러더라고요. (…) 데이트할 때마다 다 제가 내고. 마음이 맞아서 만났는데… 그렇게 되더라고요."

그나마 얼마 남지 않은 자립정착금은 대학 친구 때문에 잃었다.

"그러니까 '나중에 줄게, 갚을게' 그러다가 나중엔 '이거 너가 그냥 준 거잖아'라는 식으로 해 가지고…"

이렇게 해서 정착지원금 1천만 원이 일 년 만에 사라졌다.

무엇으로도 메워지지 않는
근원적인 공허

인터뷰 당시 D는 1학년을 마치고 휴학 중이었다. 대학 친구들과의 관계가 복잡해져 그 친구들이 졸업하고 나면 복학할 예정이다. 학교를 휴학하니 학생으로서 받았던 지원금이 다 끊겼다. 자립수당 50만 원, 기초생활보장수급비 70만 원, 아르바이트로 버는 30~40만 원 정도가 수입의 전부다. 월 140만 원 정도로 살기가 빠듯해서 300만 원을 대출받았다. 이 돈으로는 월세와 대출 이자를 낸다. 식비는 매달 50만 원 정도 나간다. 거의 다 배달 음식이다. D는 "해 먹는 것이나 배달해서 먹는 것이나 혼자라서 비슷한 돈"이 나간다고 하지만, 보육원에서 자립에 필요한 기본적인 집안일을 배우지 못한 것이 원인 아닐까 싶다. 현재 가장 필요한 것이 무엇이냐는 질문에 D는 "돈"이라고 대답했다.

"기분이 꿀꿀해요. 이게 약간 돈에 시달려 사는 인생이어 가지고…"

그래도 희망은 있다. 자립정착금이 1천만 원에서 1,500만 원으로 인상되어 곧 500만 원이 들어올 것이기 때문이다. 들어오는 대로 대출금 300만 원을 갚고, 나머지 200만 원은 저축해서 목돈으로 갖고 있을 예정이다. 휴학 기간에 세무회계사 자격증도 딸 생각이다.

D의 말을 들으면서 나는 200만 원이 "돈에 시달리는 인생"에 얼마나 버팀목이 되어 줄까 하고 잠시 걱정을 했다. 하지

만 복학해 학생으로서 받을 수 있는 지원금이나 장학금 등을 추가한다면 풍족하지는 않더라도 그런대로 안정적인 삶을 살 수 있지 않을까. D가 느끼는 근원적인 공허함은 어떤 지원 정책으로도 채워지지 않겠지만.

"공허함은 아직도 있죠. 나이가 들어도. 약간 그런 건 있는 것 같아요. 부모한테 사랑받지 못했던 그런 게 좀 한이 됐다 할까. (엄마를) 찾아보고 싶죠. 어떻게 사나, 나 이렇게 만들어 놓고⋯ 보고 싶기도 하지만, 좀 안 좋게 생각하는 마음도 있고. 원망하는 마음도 있고⋯"

부모 있는 고아, 조민호

이름: 조민호

생년월일: 1974년 1월 15일

보육원 입소: 1974년 9월 1일

강원도 춘천에 있던 오순절영아원 입소 당시 조민호(이하
조씨)에 관한 정보다. 이 아동카드 기록에 따르면 조씨는 생후 8
개월 무렵 영아원에 들어왔다. 어린 나이였는데도 희미하게 기
억이 남아 있다. 엄마와 어디를 가던 길에 소시지를 맛있게 먹
다 엄마를 잃어버린 기억이다. 아빠에 대한 기억은 없지만, 엄
마 얼굴은 어렴풋이 기억난다. 어린 시절 집에서 다친 기억도
있고, 그때 다친 상처가 아직도 손바닥에 남아 있다.

"제가 한 네 살? 길을 잃고 (영아원에) 수용되기 전에, 겨울에 집에서 마당으로 나오다가 문을 이렇게 긁는 바람에 여기(손바닥)가 다 찢어졌거든요. 그래서 엄마가 급하게 택시 잡아서 병원 가서 손을 꿰맸어요. 근데 그때는 지금처럼 의술이 발달 안 됐으니까 자국이 아직도 남아 있거든요, 이렇게. 바나나를 사 줘서 먹은 기억도 있고. 그러니까 그렇게 못사는 집은 아니었던 것 같아요."

엄마는 기다려도 오지 않았고, 이후 누군가에게 끌려 어딘가로 간 기억이 있다.

그런데 이런 조씨의 기억과 아동카드 기록 내용이 맞지 않는다. 생후 8개월 된 아기라면 소시지를 먹을 수도, 마당으로 나오다 문을 긁어 손을 다칠 수도 없기 때문이다. 엄마도 기억하기 어렵고 말이다. 이렇게 볼 때 기록이 잘못되었거나 다른 아이 정보와 바뀌었을 가능성이 크다.

조씨는 열일곱 살에 보육원을 탈출한 이후 50대에 접어든 지금까지 자신이 누구인지 알기 위해, 자신의 진짜 기록을 찾기 위해 노력하고 있다. 보육원을 다시 찾아가 보기도 하고, 전단을 뿌리기도 하고, 춘천시청도 수없이 드나들었다. 아직 어떤 단서도 찾지 못한 상황이다.

난 고아가 아닌데

하루아침에 가족을 잃은 조씨는 "엄마 집에 데려다 달라"며 울고 사정하고 떼를 썼다. 하지만 아무도 도와주지 않았다. 돌아온 것은 보육원 선생님의 매질뿐이었다. 집으로 데려다 달라는 아이는 조씨뿐이 아니었다. 그 아이들은 하나둘 "자고 나면 없어"졌다. 해외로 입양된 것이다. 1970년대와 80년대는 정부와 정부가 허가한 해외 입양기관들이 유기 아동과 고아를 적극적으로 해외로 입양 보낼 때였다. 아이당 받는 입양 수수료가 높아 정부도 해외 입양기관도 얻는 이익이 컸기 때문이다.[♦] 조씨가 있던 오순절영아원도 해외 입양기관과 연계된 오순절입양위탁소를 함께 운영하고 있었다.

조씨 기억에 오순절입양위탁소에는 60여 명의 아이가 있었다. 위탁소에서는 후원자들이나 입양을 원하는 부모들이 방문하면 언제나 옷을 말끔하게 입혀 공연을 시켰다.

[♦] 1982년 3월 9일 자 《동아일보》 기사 〈알선 경쟁이 문제〉에 따르면, 입양을 원하는 해외의 부모는 입양아 한 명당 5천 달러의 수수료를 내고 아동을 데려간다. 5천 달러는 해외에 있는 입양기관과 국내에 있는 입양기관이 6 대 4로 나눈다. 수익이 높으니 국내 입양기관들은 서로 더 많은 아동을 확보하려고 경쟁했다. 입양에 관해선 4장에서 따로 다룬다.

"공연을 시켰어요. 애들이 노래를 막 하고, 율동하고. 한복 입고 꼭두각시 춤추고. 그럼 거기서 몇몇을 픽업해 가는 거죠."

입양 가면 맛있는 것을 배불리 먹을 수 있다는 생각에 잘 보이려는 아이들도 있었다. 조씨도 입양 갈 기회가 몇 번 있었다.

"통역하는 뿔테 안경 쓴 남자하고, 워시라는 영국 사람하고 둘이 와서 면접을 해요. 그리고 하루는 밖에 데리고 나가서 영화도 보여 주고, 먹을 것도 사 주고, 옷도 사 주고…"

하지만 조씨는 입양 가지 않겠다고 끝까지 버텼다. 왜냐하면 "엄마 기억도 나고 집도 기억"하니 자신은 고아가 아니라고 생각했기 때문이다. 조씨 기억엔 60여 명 중 족히 50명은 입양되었다. 조씨는 초등학교 들어갈 나이가 되었을 때 원주에 있는 보육원으로 보내졌다.

평생의 화두

보육원 생활은 폭력과 배고픔, 강제 노동으로 점철된 것이었다. 조씨는 책도 좋아하고 공부도 잘하는 편이었다. 인문계 고등학교에 가고 싶었지만, 보육원에서 농업고등학교로 보냈다. "여기서는 답이 안 나온다"고 생각한 조씨는 고등학교 1학년이 된 지 한 달 만에 보육원을 탈출했다. 진짜 나를 찾겠다는 일념으로 6,900원을 들고 무조건 춘천으로 갔다. 그리고 숙식을 제공하는 칫솔공장에 취직했다. 조씨는 일하는 틈틈이 '나'를 찾기 위해 오순절영아원을 찾아가기도 하고 춘천 일대를 돌아다니기도 했다. 성과는 없었고 칫솔공장 일은 힘이 들었다. 1년 6개월 만에 그만두고 1993년 서울에 온다. 이후 지하철 신문팔이를 하며 검정고시를 준비해 합격하고, 신문보급소 총무를 하며 대학 입시를 준비해 5수 끝에 합격했다. 좋아할 겨를도 없이 등록금을 마련하기 위해 "노가다" 일을 했다.

"아, 등록금을 어떻게 벌어야 하나 (난감했죠). 지금처럼 무슨 지원 그런 것들 자체가 없었던 시기였기 때문에. 그래서 수능 끝나자마자 저는 노가다 일 했어요. 그때 막 김대중 정부가 들어섰는데 과천 정부종합청사에 인터넷 케이블 설치하는 굉장히 큰 공사가 있었어요. 거기 일당이 세더라고요."

한 학기 등록금은 마련했지만, 하루하루가 불안했다. 검정
고시부터 수능, 입학까지 달려온 길이 고단했다. 한 학기를 마
치고 휴학했다. 이후 다시 학교로 돌아가지 못했다.

"돈도 없고, 생활도 많이 힘들었고, 가족 찾기도 잘 안 되고,
학교생활도 제대로 못하고. 그때 자살도 한 번 하려고 했죠.
너무 전망이 안 보이니까."

2002년 긴 방황을 끝내고 우연히 노동운동을 하게 되었
다. 2014년까지 참여연대, 민주노총, 민주노동당 등에 몸담고
정신 없이 운동에 매진했다. 그러다 2014년 세월호 참사에 큰
충격을 받으면서 자신의 문제로 돌아왔다. 노동운동을 해도 본
인의 문제, 즉 나를 찾는 문제는 해결되지 않는다는 사실을 새
삼 자각한 것이다. 다시 방황이 시작되었다.

"2014년 세월호 충격으로 사직서를 냈어요. 그때도 자살을 하
려고 했어요. 약간 정신이 좀 이상해지고, 막 술도 많이 먹고
그랬어요. 사직하고 나서 어디 나가지도 않고 전화도 다 끊어

버리고 그냥 한 2년 집에 틀어박혀 있었죠. 그러면서 '노동운
동은 내가 할 수 있는 것이 아니구나. 일단은 내가 살아야겠
다'는 생각이 들었고, 내 문제를 생각하게 됐어요. 그동안 정
작 내 문제는 저렇게 뒤로 미뤄 놓고 있었구나 싶었죠."

나를 알권리

그리고 다시 질문하기 시작했다.

> '나는 부모가 있는데 왜 고아 호적이 만들어졌을까? 그리고
> 왜 사람들은 나에게 아무 정보도 주지 않을까?'

내가 누구냐는 근본적인 문제가 해결되지 않고는 아무것
도 할 수 없었다. 처음부터 짚어 보기로 했다. 2016년 무렵부
터 다시 춘천을 오가기 시작했다. 방송에도 나가 보고, 기자들
도 만나 신문에 기사로도 나오게 했다. 진실·화해를 위한 과거
사정리위원회에 신원 조작 문제로 접수하기도 했다. 이것저것
자료를 찾아 공부를 하다 보니 아동 인권이 지켜지지 않아 자
신에게 이런 일이 일어났음을 알게 되었다. 2022년 아동권리

연대를 만든 이유다. 조씨는 자신처럼 부모가 누구인지 모르고 자라는 아이들이 없는 세상을 만들기 위해 노력하고 있다.

"저는 길을 잃었지만 부모가 있었어요. 그런데 왜 고아 호적을 만들어 부모 없는 고아로 살게 했는지 억울해요. 저의 신분을 회복하고 국가의 사과와 응당한 보상을 받고 싶어요. 그래야 진정한 용서와 화해 그리고 제 마음의 평화를 얻을 거 같아요. 그리고 고아는 없죠, 사실. 부모 없이 태어나는 아이들은 없으니까요. 자기 부모를 알고 부모에게서 양육받는 거, 〈유엔아동권리협약〉 제7조[96]에 나와 있는 거, 그거 지키자는 것이죠."

보호출산제는 이런 조씨의 바람과 얼마나 먼가. 조씨 토로처럼 부모를 모른다는 것은, 내가 어디서 왔는지를 모른다는 것은, 나를 구성하는 출생을 둘러싼 서사를 몽땅 도둑맞는 일이다. 조씨나 입양인들이 종종 "영혼이 털린 삶을 살고 있다"고 말하는 것에서도 알 수 있다. 어쩌면 사회는 이들에게 생명을 구해 준 것만도 어디냐며 큰소리를 칠지 모르겠지만, 살려 줘서 고맙다고 말하기엔 이들이 경험하는 상실의 아픔이 너무 크다.

마지막으로 나는 조씨에게 두 번의 자살 충동을 물리치고 계속 살아갈 힘을 어디에서 얻었는지 물었다.

"진실을 알고 싶다. 그래야 온전한 내가 된다는 생각 때문이었죠. 나는 누구인가 이 질문이 만날 안 풀리니까. 아무도 거기에 대해서 안내해 줄 사람이 없는 거예요. 저는 솔직히 영혼 털린 사람이라고 생각하거든요. 아버지가 누구고, 엄마가 누군지, 내 생일이 언제인지, 내 이름이 뭔지, 그것만 알면 어떤 사회적 난관에 부딪쳐도 다시 일어설 수 있을 것 같은데… 내 문제는 단순한 가족 찾기가 아니에요."

조씨가 잃어버린 건 엄마지만 찾고 있는 건 '나'였다. 자신을 찾기 전까지 조씨에게 온전한 자립은 없을 듯하다. 엄마를 잃은 것보다 자신을 잃은 것이 더 슬픈 일 아닐까. 엄마를 잃은 것은 어쩔 수 없이 받아들일 수 있는 문제일 수 있지만, 나를 잃은 것은 애쓴다고 받아들일 수 있는 문제가 아니기 때문이다.

A도 말했다. 보육원 생활을 버틸 수 있었던 것은 '명절 때 찾아갈 할아버지, 할머니'가 있었기 때문이라고. B는 비록 '돈을 빌려 달라'는 아버지와 연락을 끊었지만 아버지가 누구인지 알 수 있었기에 관계를 정리할 수 있었다. C는 '부모가 나타나면 돈을 빼앗을지 모른다'는 생각에 지금은 부모를 찾을 마음이 없지만, 길고 긴 자립의 여정에서 부모를 모른다는 것에 D처럼 어느 날 공허함을 느낄지 모른다.

인터뷰 내용을 정리하며 나는 보호 종료 청년들의 자립 성공 여부는 '부모를 알권리'에서 시작된다고 생각했다. 그리고 성인이 되었다는 이유로 얼마간의 돈을 한시적으로 쥐여 주면서 자립에 성공하기를 바라는 것은 너무 무책임하고 가혹한 일이라고 분개했다. 그들이 좌절하거나 극단적인 선택을 하는 것은 그들 앞에 놓인 자립의 길이 너무 고단하기 때문일 것이다. 홀로 가는 길이 너무 힘겹지 않도록, 어느 날 우리 곁에서 이들이 사라지지 않도록 정부는, 그리고 우리 사회는 세심한 정책을 마련하고 이들에게서 시선을 거두지 말아야 할 것이다. 무엇보다 아기가 내가 누구인지 알고 자랄 수 있게 지켜 주어야 한다.

4장

입양

'수출'된 아이들

앞서 조민호는 오순절입양위탁소에서 60여 명 중 50명 정도가 입양된 걸로 기억했다. 80퍼센트 이상이 해외로 보내진 것이다. 너무 많은 숫자라 믿기 힘들 수 있겠지만, 당시 입양 통계를 보면 결코 과장된 숫자는 아니다.

조씨가 사라지는 아이들을 목격했던 1970년대 10년 동안 해외로 입양된 아이들은 모두 4만 8,247명이었다. 1960년대의 7,460명보다 6배 가까이 급증한 것이다. 1980년대는 또다시 6만 5,329명으로 늘었다.[97] 우리 사회가 잘살수록 입양된 아이들이 늘어난 이 아이러니를 어떻게 이해해야 할까. 아니 그보다 먼저 이렇게 많은 아이는 어디서 생겨났을까. 정말 부모가 없었을까. 과거 신문을 보면, 조씨처럼 부모가 있는 아이들을 고아로 둔갑시켜 해외로 입양한 사례를 쉽게 찾아볼 수 있다.

김탁운 사건[98]

조씨가 보육원에 보내진 1974년 한 해 동안 해외로 입양된 아동은 4,600명[99]이다. 한국전쟁 직후인 1953년부터 1960년까지 8년간 해외로 입양된 3,000여 명을 훨씬 넘는 숫자다. 특히 1974년은 "이전과 달리 비혼혈 아동이 혼혈아에 비해 더 많이 해외로 입양된 해"[100]이기도 하다.

이해 6월 19일 경북에서 한 아이가 사라졌다. 김순옥(28세)의 외아들 김탁운이었다. 김씨는 아들을 일터 숙소에다 두고, 일을 하러 나갔다. 그런데 퇴근해 보니 아이가 사라져 버린 것이다. 김씨는 인근 고아원을 모두 찾았지만, 허사였다. 숙소 근처에 사는 주민이 아들과 비슷한 아이를 파출소에서 보았다는 말을 전했다. 김씨는 7월 20일부터 8월 말까지 매일 파출소에 들러 아들을 찾아 달라고 호소했다. 경찰은 소극적이었다. 결국 김씨는 경북도경에 찾아갔다. 도경에서는 아이가 머물렀던 파출소에 즉시 수사할 것을 지시했다. 하지만 파출서에서는 계속 늑장을 부렸다. 김씨는 급기야 12월 초 대구 지방검찰청에 진정서를 제출했다. 결국 실종 8개월 만인 1975년 2월 아들이 스웨덴에 이미 입양되었음을 확인했다.

입양을 알선한 대한사회복지회 기록에 따르면, 아들 이름은 백정희이고, 출생지와 부모는 미상으로 기재되어 있었다. 당시 "국제인권옹호 한국연맹(회장 이활)은 이 사실을 알고 진상 조사에 나서는 한편 김 군을 되찾아 주기 위해 국제기구와 교섭을 벌이기로 했다."[101] 이후 아이가 부모에게 돌아왔는지, 부모가 최소한 아들이 어디에 사는지라도 알게 되었는지 알려 주는 기사는 없었다.

정미화 사건[102]

다음은 1978년 2월, 경북에 살던 정씨 부부에게 일어난 일이다. 옆집 서씨가 정씨의 딸 미화(9세)와 놀아 주겠다면서 데리고 나갔다. 그런데 다음 날까지도 돌아오지 않았다. 부모는 실종 신고를 했다. 그런데 경찰은 적극적으로 수사하지 않았다. 10개월이 지날 무렵 몽타주라도 만들어 찾아 달라고 강력히 요구하자 오히려 정씨를 폭행했다. 정씨는 포기하지 않고 치안본부 감식반을 찾아가 민원을 제기했다. 그제야 경찰은 몽타주를 만들어 배포했다. 하지만 관내에만 붙이고 말아서 도움이 되지 않았다.

부모는 그로부터 한 달쯤 뒤에 아는 사람을 통해 서씨를 찾아냈다. 그를 추궁해 겨우 딸의 행적을 좇을 수 있었다. 서씨는 딸을 부산 남포동에 버렸다고 했다. 버려진 딸은 남포동 경찰서에 보내졌고, 남포동 경찰서는 여성회관으로, 여성회관은 부산시청 사회과로, 사회과는 남광일시보호소로, 보호소에서는 동방아동복지회*로 딸을 보냈다. 그리고 1979년 2월 유괴된 지 1년 만에, 부모가 애타게 찾고 있는 동안에, 딸은 미국으로 입양되었다.

더욱 놀라운 사실은 복지회 기록에 따르면, 당시 아홉 살이던 딸은 부모, 형제의 이름과 자기 나이, 집 주소를 정확히 말했다는 것이다. 가축을 기른다고도 했다. 그런데도 복지회에서는 아이를 부모에게 돌려보내지 않았다. 정씨가 어처구니가 없어 복지회 담당자에게 주소를 알고도 왜 연락하지 않았는지 항의하자 담당자는 사과나 변명은커녕 "내 돈 들여 부모 찾아줄 의무가 없으니 고발할 테면 하라"고 오히려 큰소리를 쳤다. 어머니 최씨는 다음처럼 말하며 통곡했다.

"부잣집 딸이 유괴되면 온 세상이 시끄럽게 떠들고 경찰이 숨 가쁘게 수사를 펴고 소동을 부려 부모에게 돌려주면서 우리

동방아동복지회 현재의 동방사회복지회다. 당시 정부로부터 허가받은 4대 해외 입양 기관 중 하나다. 나머지 세 곳은 홀트아동복지회, 대한사회복지회, 한국사회봉사회다.

같이 가난한 부모는 범인을 찾아 달라고 애원해도 모른 척하는 세상이 원망스럽기만 합니다."

정씨 부부는 딸을 찾느라 가축과 집까지 팔아 극빈자가 되었다. 미국으로 사라져 버린 딸을 이후에 한 번이라도 다시 만났을까.

서대영 사건[103]

사라진 아이가 해외로 입양된 사례는 1980년대도 계속된다.

1980년 김씨 할머니는 아들네를 따라 미국으로 이민을 갔다. 딸도 국제결혼을 해서 미국에 살고 있었다. 1983년 6월 사위가 한국에 부임하면서 딸네는 귀국한다. 얼마 후 할머니는 세 살 된 친손자를 데리고 용산에 살고 있는 딸네를 찾았다. 그런데 친손자와 외손녀가 자주 다투었다. 사위 눈치가 보인 할머니는 손자를 경기도 오산에서 식당을 하는 친척에게 잠시 맡겼다.

그런데 그 집에서 손자가 사라진 것이다. 할머니는 손자를 찾을 때까지 미국에 돌아가지 않겠다며 찾아 나섰다. 전국의

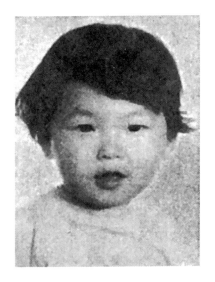

가족이 애타게 찾았는데도 해외로 입양된 서대
영(사진은 실종되기 전의 모습). 이런 아이가 많
았던 배경은 무엇일까.

고아원을 뒤지고 전단만 해도 10만 장을 뿌렸다. 그렇게 3년이 흘렀다. 1986년 마침내 손자의 행방을 알게 되었다. 실종된 3년 전에 손자는 대한사회복지회를 통해 미국으로 입양된 상태였다.

이후 알려진 바에 따르면, 손자는 오산에서 실종된 바로 다음 날 서울 용산경찰서 관할 파출소에 미아로 신고되었고, 파출소에서는 아이를 대한사회복지회 미아일시보호소로 넘겼다. 그리고 1983년 말 입양된 것이다. 오산에서 실종된 아이가 바로 다음 날 서울의 파출소에 있었다는 것은 누군가 데려가지 않았다면 도저히 있을 수 없는 일이다.

친생부모가 아이를 찾는다는 사실을 알게 된 대한사회복지회에서는 1986년 아이의 부모를 찾아가 3년 전에 미국 가정에 입양되었으니 "아들을 포기하라"고 요구했다. 부모는 "입양기관이 고아인지 확인도 제대로 안 하고 마구잡이로 입양한 것은 비인간적인 처사"라고 분개하며 "법적인 방법을 통해서라도 아들을 되찾겠다"고 밝혔다.

입양기관은 왜 부모를 찾지 않았나

세 아이 사례를 보면, 아이들은 여러 경로를 거쳐 맨 나중에는 입양기관이 운영하는 보호소에 있었다. 그곳에서 고아로 신분이 세탁된 후 해외로 입양되었다. 이 과정에서 경찰은 아이 부모를 찾아 주기 위해 별 노력을 안 했다. 왜 경찰은 아이들을 바로 입양기관으로 보내 버린 것일까. 당시 규정에 따르면, 미아는 서울시립아동보호소로 넘겨 2주간 보호하게 돼 있었다. 경찰은 이런 기본적인 규정조차 지키지 않은 것이다.

입양기관의 처리도 의문이다. 집 주소와 부모 이름까지 말하는 아이를 왜 입양 보낸 것일까. 다음 기사 내용이 의문을 풀어 줄지 모르겠다.

"1960년대 국민소득이 100불 정도일 때 한 아이를 해외로 입양 보내고 받는 수수료는 평균 130~150불이었다."[104]

"남한에서 아기는 수출품"

과거 기사에 따르면, 1972년에는 수수료가 600달러에 달했다.[105] 이해 국민총생산GNP이 320달러였으니 입양은 큰 이익을 남기는 '사업'이었다. 한 아이당 막대한 수수료를 받고 해외로 입양시키는 남한의 행태를 알아 1970년대 북한에서는 "남한에서 아기는 새로운 수출품"이라고 비난할 정도였다.[106] 비난을 의식한 정부는 1976년부터 해외 입양을 10퍼센트씩 줄여 나가고, 1985년에는 완전히 중단할 것이라는 계획을 밝혔다.[107]

하지만 1981년 전두환 정부가 들어서면서 계획이 틀어진다. 전두환 정부는 이민을 장려하는 등 해외에 개방적이었다. 이런 정책 영향으로 1982년 해외 입양이 급격히 늘어났고 그 결과 1985, 1986년 2년 동안에 입양 역사상 가장 많은 아이가 해외로 입양되었다. 아이 한 명당 수수료가 5천 달러에 달했다.[108] 그러자 4대 해외 입양기관(홀트아동복지회, 동방사회복지회, 한국사회봉사회, 대한사회복지회)은 미혼모의 아기나 시설 아동을 서로 많이 확보하느라 혈안이 되었다. 대한사회복지회의 경우는 지방 각 분실로 〈아동 선정 업무 지침〉을 보내 "입양 대상 아동을 확보하기 위해 병의원, 조산원 등에 홍보용품을 제작해 공급하라"고 지시하기도 했다.[109] 당시 이곳에서 근무하던 이씨(31세)에 따르면 직원들에게 아동 수를 할당해 주었고 할당량을 못 채우면 월급을 깎겠다고 위협하는 일까지 있었다. 이 때문에 직원들은 공단 부근의 산부인과, 조산원 등을 수시로 드나들었고 "신생아가 있으면 꼭 연락을 달라"며 간단한 선물까지 돌렸다. 이들의 행태는 '아동 유치 작전'을 방불케 했다.

해외 입양은 고소득 사업

1989년 국정 감사에서 밝혀진 사실은 더 충격적이다. 1987년 한 해 동안 4대 입양기관에서 미혼모에게 지급한 분만 보조비만 3억 7,800만 원에 달했다. 이들 기관이 쓴 기밀비, 섭외비 등은 모두 2억 9,500만 원이었다. 아동 확보에 상당한 자금을 들였음을 알 수 있다.[110] '투자'한 돈이 이 정도이니 입양으로 거두어들인 수익은 이보다 훨씬 컸으리라. 한 기사에 따르면, 입양기관은 입양 수수료로 연 약 30억 원의 수익을 올렸다.[111]

이런 사실을 먼저 밝힌 곳은 《프로그레시브》[112], 《뉴욕 타

임스》[113] 같은 해외 언론이었다. 88올림픽을 앞두고 한국의 무분별한 해외 입양 실태를 고발한 것이다. 위기의식을 느낀 4대 입양기관은 결의문을 통해 "아동 확보를 위한 홍보용품 제작 금지, 아동 섭외 활동 금지, 아동 선정에 직간접으로 영향을 줄 수 있는 공공 활동 참여 금지"[114]를 약속했다.

앞서 말했듯이 해외 입양은 높은 수익을 보장하는 데다 "좋은 일"을 한다는 사회적 찬사까지 덤으로 얻을 수 있는, 일석이조의 사업 아이템이었다. 하지만 입양 보낼 아기가 있어야 유지되는 사업이다. 정부가 원가족 지원을 늘리고, 미혼모에 대한 사회적 낙인이 사라져 미혼모가 양육하겠다고 나서면 가장 위기에 몰리는 사업이기도 하다. 입양기관의 좋은 기능도 있겠지만 근본적으로 입양기관은 입양할 아이들이 있어야 존속할 수 있다. 이런 구조라서 자칫 방심하면 아이들을 금세 '돈'으로 치부해 버릴 수도 있다.

낯선 나라에서

해외로 입양된 아이들의 삶은 어땠을까. 과거 기사를 찾아보았다.

정남[115]

1974년 12월 스위스에 도착한 "한국 고아" 정남은 입양부모에게 인도되기 전 3주 동안 제네바 공립병원에 머물며 건강검진을 받아야 했다. 당시 입양 관행이었다. 이 기간에 아이들은 "외부와 완전히 단절된다." 정남 역시 마찬가지였다.

그런데 정남은 12월 20일 "외출복으로 단정히 갈아입고" 입양부모가 준 장난감이 든 가방을 목에 걸었다. 그러고는 발

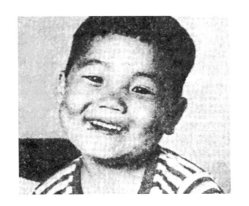

병원 발코니에서 뛰어내린 정남.
어디로 가려고 했을까.

코니에서 뛰어내렸다. 다행히 목숨은 건졌지만, 이후 음식을 비롯한 모든 것을 거부했다. 아이는 함께 비행기를 타고 왔던 친구들과 복지사는 사라지고, 낯선 사람들만 보이는 곳이라 무섭고 두려웠던 것일까. 아니면 집으로 돌아가려고 발코니에서 뛰어내린 것일까. 걷다 보면 집이 나올 거라 생각한 것일까.

김신동[116]

1965년 11월, 여덟 살의 김신동은 미국 보스턴 로건 국제공항에 도착했다. 그리고 매사추세츠주 벨몬트라는 작은 동네에 사는 사업가 집에 입양되었다. 1965년이라면 흑인과 백인 분리를 강제하는 짐 크로 법Jim Crow Law이 막 없어진 해다. 그렇다고 해서 인종 차별이 간단히 사라졌을까. 아무리 입양부모가 진보적이라 한들 동양인이 거의 없는 백인 마을에서 한국 아이의 삶은 평탄치 않았을 것이다. 언어도 음식도 문화도 다른 곳에서 김신동은 중국인이라는 놀림을 받으며 자랐다.

　　김신동은 열일곱 살 때부터 작고 큰 범죄에 연루되었다. 급기야 감옥까지 간다. 그리고 1978년 3월 감방에서 자살한다.

침대보를 찢어 목을 맸다. 스물한 살이었다.

신경하[117]

1975년 5월, 일곱 살인 여자아이 신경하는 충북 청주의 한 시골 마을에 살았다. 그날은 집 앞에서 친구와 놀고 있었다. 엄마가 시장에 같이 가자고 했지만, 가지 않았다. 친구와 놀다가 근처 할머니 집으로 갔다. 가는 길에 어떤 여자가 나타났고, 경하는 그 여자를 따라 기차에 올라탔다. 종점에서 내린 여자는 경하를 근처 경찰서로 데려갔다. 경찰서 사람들은 지프차에 아이를 태워 고아원으로 보냈다. 집을 떠난 지 일 년도 안 된 1976년 2월, 경하는 엄마가 사 준 꽃신을 신고 미국으로 입양되었다. 꽃신은 엄마의 마지막 선물이 되었다.

"아주 혼란스러웠어요. 집으로 돌아가게 되는 건지 여전히 알수 없었고, 아무도 제게 답을 주지 않았어요."

성인이 된 경하의 기억이다. 경하는 미국에 살 때도 자기 집과 할머니 집 가는 길, 그 길가에 있던 밀밭이 또렷하게 기억났다. 한국의 집을 잊지 않기 위해, 언젠가는 찾아가리라는 생각에 동네 지도를 그리고 또 그렸다.

경하가 없어진 후 엄마는 식음을 전폐하며 딸을 찾았다. 둘째는 걷게 하고, 갓난아기던 막내는 업고 날마다 "경찰서로 출퇴근"했다. 하지만 경찰은 별 도움을 주지 않았다. 엄마는 고아원과 정신병원까지 뒤졌지만 허사였다.

"못 살 때 낳은 애라 너무 불쌍해서 그건(경하는) 포기가 안 돼."

엄마의 고백이다.

엄마와 딸은 44년 만에 극적으로 만난다. 해외 입양인들과 원가족을 유전자 검사로 찾아 주는 비영리 단체 325캄라 KAMRA♦ 덕분이었다. 이곳에 엄마도 경하도 모두 유전자를 등록해 놓았던 터였다.

출국장에서 딸을 기다리던 엄마는 딸을 단박에 알아보고 달려갔다. 딸을 안고는 그간 수없이 연습했던 "I am so sorry"를 되뇌었다. 사실 미안해할 사람은 이들 아닐까. 아이를 납치해

325캄라 유전자 검사를 해서 한인 입양인과 원가족이 다시 만날 수 있게 돕는 비영리 단체. 325라는 숫자는 2015년 세계 한인 입양인 대회 참가자들이 호텔 방 325호에 모여 단체 창립을 결정한 데서 따왔다. 미국 매사추세츠주에 본부가 있다.

간 여자, 고아원으로 경하를 보낸 경찰, 엄마와 아빠 이름 그리고 할머니가 사는 동네까지 말하는 아이를 고아로 둔갑시켜 해외로 보낸 입양기관, 부모가 있는 아이를 일사천리로 입양 보내는 데 아무 관여도 하지 않은 정부 말이다.

일곱 살 아이는 이제 오십이 되었다. 이 중년 여성의 이름은 서경하가 아니라 로리 벤더였다. 입양 전 열 달 동안은 또 백경하였다. 당시 보육시설에 수용된 아이들은 성과 본을 만들어 새로운 호적을 갖게 했는데(일명 고아 호적) 이때 보육시설 원장의 성을 주로 따랐다. 서경하가 아니라 백경하였던 것은 보육시설 원장 성이 백씨였기 때문이다.

유교가 지배적인 한국 사회에서 바뀐 성씨는 큰 혼란을 불러일으킨다. 자식을 찾을 때 큰 걸림돌이 된다. 이런 현실인지라 유전자 검사가 없었다면 모녀는 영원히 만나지 못했을 수 있다.

엄마는 딸의 코와 눈 등을 천천히 더듬었다. 그리고 통역기에 대고 말했다.

"네 이름은 신경하야."

딸도 통역기에 대고 말했다.

"마침내 내 이름을 알게 돼서 너무 기뻐요."

하지만 친생부모와 자식이 다시 만나는 경우는 극히 드물다.

무국적자

김씨[118]

1974년 전북 군산에서 김씨는 미아로 발견되어 입양기관으로 보내졌다. 주한미군에서 일하던 남자와 그의 여자친구는 아직 혼인 관계가 아니어서 입양 자격이 없었는데도 입양기관은 이들에게 김씨를 보냈다.

입양 8개월 만에 입양모가 임신하면서 김씨는 차별을 받기 시작했다. 이후에도 동생 넷이 더 태어났다. 친생자들은 학교에 다니고 피아노, 춤 등 배우고 싶은 것을 배웠지만 김씨는 초등학교 2학년 때 학교를 그만둬야 했다. 여기에 입양부의 폭력과 입양모의 폭언까지 더해졌다.

"양어머니는 5천 달러 주고 샀어야 할 차를 6천 달러 주고 샀다는 식으로 나를 입양한 걸 후회했어요."

김씨는 입양 목적인 이민 비자(IR-4. 미국 시민권자에게 입양된 아이들에게 발급된다)로 미국에 갔다. 이 비자로 입양된 아이들은 10년 동안만 영주권을 얻는다. 만기 전 시민권 취득 절차를 밟지 않으면 불법체류자가 되는 것이다. 학대를 일삼던 입양부모가 김씨의 시민권에 신경을 썼을 리 없다. 한 살 무렵 입양된 김씨는 열한 살 때 불법체류자가 되었다.

이런 내용을 어린 김씨가 알 리는 없었으리라. 더는 입양부모의 학대를 견딜 수 없어 김씨는 열두 살 때 처음 가출했고 열네 살 때부터는 아예 거리에서 살았다. 불법체류자 신분이라 당연히 일자리는 구할 수 없었다. 노숙 생활을 전전하다 2020년 불법체류자임이 발각돼 한국으로 추방되었다. 미국 사람이 아니라는 이유로 추방되어 한국에 왔는데 김씨는 한국어도 하지 못하고 한국에 대해 아는 것도 없었다. 아동권리보장원이 추방 국외 입양인에게 주는 월 50만 원의 생계비 지원금으로 근근이 생활하고 있다고 전해진다.

미국 시민권을 얻지 못해 한국으로 추방된 입양인 이야기를 다룬 영화 〈푸른 호수〉 스틸 컷

김상필[119]

김상필(필립 클레이)은 1974년 12월에 태어났는데, 1981년 12월 일곱 살 때 기아로 발견되었다. 김씨는 남대문경찰서를 거쳐 한 수녀회 보육원으로 보내졌다. 1982년 3월, 다시 다른 보육원으로 보내졌다. 보육원 기록에는 친생부의 폭력을 피해 도망 나온 친생모가 김씨를 데리고 다니다 버린 것으로 돼 있었다. 김씨는 1982년 6월 홀트아동복지회로 보내졌고, 이듬해 10월 미국 펜실베이니아주 필라델피아에 도착했다. 아홉 살 때였다. 하지만 몇 달 지나지 않아 파양됐다. 이후 잠시 위탁 가정에 맡겨졌다가 1984년 7월 필라델피아의 다른 가정에 입양되었다.

한국에서 이미 몸과 마음에 큰 상처를 입은 소년은 낯선 미국에서 채 일 년도 안 되는 기간에 또 보호자가 세 번이나 바뀌는 상처를 입는다. 게다가 새로 입양된 가정에는 친생자 4명, 필리핀 입양아 1명, 위탁 아동 1명이 살고 있었다. 과연 김씨는 이곳에서 충분한 보살핌을 받았을까. 이후 김씨가 병원과 소년원을 오갔던 걸로 봐선 그래 보이지 않는다.

2002년 스물여덟 살 때 김씨는 조현증 진단을 받았다. 20대 내내 보호시설, 정신병원, 교도소를 전전했다. 이 과정에서 시민권을 제대로 취득하지 못했다. 김씨는 2011년 3월 코카인

소지로 징역형을 선고받았다. 수감 중 시민권이 없다는 사실이 드러나 그해 7월 한국으로 추방된다.

김씨는 서울 영등포의 공원에서 노숙을 하다 한 교회 목사에게 발견되어 2012년 6월 강원도 횡성의 한 선교회에서 지낸다. 그런데 추방당한 고통을 호소하며 나체로 거리를 헤매는 등 이상 행동이 잦아 2012년 7월 경북 청송의 정신병원으로 보내졌다. 정신병원에서 두 차례 탈출을 시도했다.

김씨는 2012년 9월 홀트일산복지타운으로 보내졌다. 아이러니하게도 어린 김씨를 입양 보낸 기관이 운영하는 쉼터였다. 이곳에서도 오래 있지는 못했다. 2012년 12월 다시 병원에 입원됐다가 2013년 10월 중앙입양원 긴급구호시설 부설 기관에 입소한다. 2014년 11월 이곳에서 자신처럼 추방된 입양인과 싸워 교도소에 수감된다.

김씨는 2년을 복역하고 2017년 3월에 출소했다. 법무보호복지공단에 머물다 '위험 행동'으로 퇴소 처리됐다. 이후 휘발유를 마시고 응급실에 실려 가는 등 불안정한 모습을 계속 보였다. 주변 사람들 말에 따르면, 할 수 있는 일이 없고 의사소통이 힘들어 외롭다고 토로했다고 한다.

2017년 4월 김씨는 기초생활보장수급자가 되어 경제적인 지원을 받게 되었다. 하지만 한 달 후 살던 원룸 근처의 한 아파트 옥상에서 몸을 던졌다. 마흔세 살이었다.

김씨는 1982년에 입양되었다. 앞서 말했듯이 이 시기에 전두환 정부는 해외 입양에 개방적이었다. 정부의 허가를 받은 4대 입양기관은 높은 수수료를 받기 위해 아동 확보에 열을 올리던 때고 말이다. 아홉 살이나 된 소년을 해외로 보내고 받은 큰돈은 보육원, 입양기관, 대한민국이 나누어 가졌으리라.

한국 정부는 한국전쟁 직후부터 2013년까지, 입양아의 시민권이 보장되지 않는 IR-4 비자를 용인했고, 미국 입양부모 상당수는 아이들의 시민권 취득에 무심했다. 그 결과, "미국으로 입양된 한인 가운데 최소 4만 3,830명은 시민권 없는 삶을 살고 있는 것으로 추정된다."[120] 이들은 안녕할까.

더 읽기

＋

자살률 높은 입양인들

스웨덴 MFoF(가족법 및 양육 지원 기관)[121]와 스톡홀름 대학교가 스웨
덴으로 온 해외 입양인에 관해 연구한 결과가 기사로 나온 적이
있다.[122] 연구 대상은 스웨덴 통계청과 보건부에 등록된 8세 이전
에 스웨덴으로 입양된 아시아, 중남미, 아프리카 출신 입양인들
(1972~1986년생)이다. 조사 내용은 자살률, 정신질환 발병률, 실업률,
결혼율과 이혼율 등이었다.

　연구 결과에 따르면 입양인의 자살률은 스웨덴의 비입양인
에 비해 2배 높았다. 입양된 여성의 4분의 1, 남성의 5분의 1이 18
세 이후 정신과 진료를 받은 적이 있고, 이들 중 일부는 중증 정신
질환자가 되었다. 이들은 알코올이나 약물 중독 비율도 비입양인
에 비해 높았다. 연구 기간에 약물 과다 복용으로 연구 대상 입양

인 27명이 사망하고, 알코올 중독으로는 12명이 사망할 정도였다. 또한 입양인들은 비입양인들에 비해 동거나 결혼 비율도 낮았다. 특히 남성은 더 낮았다. 반면 이혼 가능성은 비입양인에 비해 50 퍼센트나 높았다.

연구 결과 입양인들은 친밀한 관계를 맺고 유지하는 데 서툴러 혼자 사는 비율이 비입양인에 비해 높았다. 그로 인한 외로움, 소외감이 자살과 약물 중독 등으로 이어졌으리라고 연구자들은 분석했다.

나를 알권리는 기본권

입양인들이 어떤 삶을 살았는지 더 들어가 보자.

벨기에 입양인 기무라 별 르콴의 말이 의미심장하다.

"그들은 우리를 너무 먼 곳으로 보내 다시 돌아오지 않을 것
이라고 생각한다. 그게 한국 사람 전체의 멘탈리티라고 생각
한다."[123]

기무라는 1968년 부산에서 태어나 1969년 벨기에로 입양
되었다. 위 말은 기무라가 2023년 국내 한 언론과 인터뷰할 때
한 것이다. 2017년 4대 입양기관 중 한 곳의 회장이 다음처럼
말한 걸 보면 기무라의 통찰이 옳다.

"우리가 해외 입양 보낼 때 이렇게 될 줄 알았겠나? 이렇게 입
양인들이 (성인이 돼서) 돌아올지 몰랐다."[124]

1990년대가 되면서 해외 입양인들이 본격적으로 귀환하
기 시작했다. 해외로 보낸 아기들이 성인이 되어 돌아온 것이
다. 이들은 비자를 연장해 한국에 계속 머물면서, 한국 방문 후
다시 입양된 국가로 돌아가서, 또는 제3국에 거주하면서 끊임
없이 한국을 향해 외치고 있다. 자신이 어디서 왔는지 아는 것
이 얼마나 중요한 일인지를 말이다. 그리고 이 당연한 기본권
을 아동이 누릴 수 있게 국가가 지켜 달라고 요구한다.

그중 몇 사람의 목소리를 들어 보자.

배성곤[125]

배성곤은 1972년 3월 한 살 무렵 용산에서 미아로 발견되었다.
이후 시립병원으로 보내져 건강 검진을 받은 후 홀트아동복지
회 보육원으로 보내졌다. 당시 미아들은 6개월에서 1년 사이에
입양되었는데 배씨도 그랬다. 미아로 발견된 지 8개월 만에 미
국 뉴욕주 롱아일랜드의 백인 부부에게 입양된다. 부부는 아들

이 없어 배씨를 입양한 경우였다. 그런데 얼마 후 아들을 낳는다. 이때부터 차별과 학대가 시작되었다.

> "한 달에 한 번꼴로 집에서 쫓겨났고, 혁대로 맞기도 했어요. 집세도 내라고 해서 중학생 때부터 햄버거 가게 주방 보조 등 안 해 본 아르바이트가 없습니다."

학교도 안전하지는 않았다. "전교생 2천 명 중 아시아계는 10명 남짓"이었다. 배씨는 고등학교를 졸업한 후 집에서 나왔다. 이후 입양부모에게 연락하지 않았다. 이런저런 일을 하다가 뉴욕 주립대학교 인류학과에 입학했다. 인류학을 공부한 이유는 이렇다.

> "유년 시절 겪은 차별과 시련은 자연스럽게 '나는 누구인가'라는 질문으로 이어졌고, 전체가 아닌, 파편을 통해 과거를 재구성해 나가는 인류학이 마치 나 자신의 뿌리 찾기처럼 느껴졌어요. (…) 인생의 첫 1년이 사람에게는 가장 중요한데 나한테는 그 시간이 빈칸blank으로 남아 있습니다. 인생의 시작점에 만들어진 그 공백을 어떻게든 채우고 싶다는 열망이 어렸을 때부터 있었어요."

배씨는 인류학 중에서도 고고인류학을 전공했고, 이 분야에서 적잖은 업적도 남겼다. 현재는 하와이 대학교 인류학과 교수다. 한국인 아내와 딸과 단란한 가정을 이루어 살고 있다. 하지만 배씨에게는 근원적인 숙제가 남아 있다. 바로 나는 누구이고, 어디서 왔는가란 물음에 대한 답을 찾는 일이다.

"나와 한국 현생인류의 기원을 찾는 것, 두 가지 모두 내가 일생 풀어 나가야 할 과제죠."

배씨는 지금도 전 세계를 누비며 구석기 시대의 유적을 찾고 있다. 이렇게 다니다 보면 한반도에 정착한 현생인류의 기원도 찾을 수 있을지 모르겠다. 하지만 그의 잃어버린 1년도 찾을 수 있을까. 용산 어디쯤에서 잃어버린 친생모를 찾을 수 있을까. 배씨의 삶은 부모의 이름을 알고 자신의 생년월일을 아는 것이 한 사람의 삶에서 얼마나 중요한지 우리에게 말해 주고 있다. 우리는 그 단순한 것을 한 아이가 알도록 지켜 주지 못했다.

기무라 별 르롼[126]

배씨가 자신의 연구를 통해 정체성의 중요성을 말하고 있다면, 벨기에 입양인 기무라 별 르롼은 입양인 권익 보호 운동을 통해, 그리고 예술가로서 자신의 작품을 통해 부당하게 정체성을 빼앗긴 것에 문제를 제기한다.

기무라는 1968년 한국인 어머니와 일본인 아버지 사이에서 태어났다. 별은 엄마가 지어 준 이름이다.

입양부모가 사는 곳은 브뤼셀의 신흥 부자 동네였다. 당시 부자들 사이에서 아시아 아이들 입양이 유행이었다고 한다. 잡지에 아시아 아이 입양을 권하는 광고가 실릴 정도였다.

"우리는 호기심의 대상이었어요. 길거리에서 백인 부모들이 우리에 대해 이야기하며 서로 비교하는 것을 점점 더 많이 들어야 했죠."

결국 열여섯 살[127] 때 집을 나왔다. 어린 나이였기에 "최선을 다해 최대한 조심하면서 정신을 똑바로 차리고" 살려고 했다. 미술 학교 학비와 생활비를 벌기 위해 일을 두세 가지나 했다. 미술을 공부하면서 기무라는 아주 오랜 시간 백인의 눈으

로 자신을 보았음을 깨닫는다. 아시아인에 대한 증오를 내면화
했음도 알게 된다. 이후 미술을 통해 아시아인의 추함을 하나
의 미학으로 표현하기 시작했다.

"표현주의는 내 분노와 인생의 의미에 대한 어두운 생각을 표
현하기에 가장 좋은 방식이었어요."

1988년에는 단편영화 〈입양〉을 만들었다. 아시아에 대한
서양의 편견과 선입견을 다룬 작품이다. 이 영화로 이름이 알
려져 한국 정부가 주최하는 여러 행사에 초대를 받았다. 그것
이 한국을 방문한 계기다. 그리고 1991년 마침내 한국에서 친
엄마와 만난다.

"너무 좋았어요. 엄마란 존재는 나에게 힘을 주었고, 내가 누
구인지 더 잘 알 수 있게 했습니다."

이후 기무라는 입양인 권익 보호 운동가로 거듭난다. 벨기
에로 돌아와 입양인 단체 '유로-코리안 리그EKL'를 조직했다.
1993년부터 2006년까지 13년 동안은 한국에 거주하며 입양인
권리 향상을 위해 활동했다. 그 성과 중 하나가 해외 입양인이

기무라 별 르꽌의 작품 〈6261〉 시리즈 중 일부. 6261이라는 숫자는 입양기관에서 기무라에게 부여한 번호다. 입양 보낸 6261번째 아이란 뜻이다.

라는 사실을 증명하면 외국인이 아닌 해외 동포 신분을 얻을 수 있게 한 것이다. 일명 '재외 동포 비자'(F4 비자)를 발급받게 한 것인데, 이 비자를 받으면 기본적으로 3년 동안 체류할 수 있고, 3년 단위로 계속 연장할 수 있다. 또한 직업 선택의 자유가 폭넓게 보장되는 등 선거권과 피선거권을 제외하고는 대한민국 국민에 준하는 권리를 갖게 된다. 유로-코리안 리그는 입양인의 원가족 찾기도 도왔다.

한편 기무라는 2006년부터 2015년까지 10여 년에 걸쳐 작품 〈6261〉 시리즈를 완성했다. 6261은 홀트아동복지회가 입양 당시 자신에게 부여한 번호다. 6261번째로 보낸 아이란 뜻이다. 기무라는 6261번을 쓴 종이를 들고 자신이 머물렀던 한국의 고아원 앞에서, 이후 옮겨진 홀트아동복지회 일시보호소 앞에서, 벨기에의 입양기관 앞에서 그리고 벨기에 입양된 집 앞에서 사진을 찍었다.

"입양될 사람에게 (그 사람의) 정체성에 대한 최소한의 정보를 제공해 주라는 요구를 입양기관이 존중한다면 그것은 이미 큰 발전이죠."

기무라가 13년간의 한국 생활을 마치고 캐나다로 떠나며

남긴 메시지다. 한국에선 얼마 전 보호출산제가 도입되었다. 수많은 입양인이 거듭 요구하는 자기 정체성에 대해 알권리가 또 저만큼 멀어진 건 아닐까.

목소리 내기 시작한 국내 입양인들

입양에는 국내 입양도 있다. 국내 가정에 입양된 아이들은 어떤 삶을 살고, 자신이 입양된 사실을 알았을 때 어떤 생각을 했을까. 최근까지도 국내 입양인 당사자들의 목소리를 들을 기회는 거의 없었다. 그동안은 입양기관, 입양부모, 입양 연구자가 주로 목소리를 냈다. 이들은 다양한 매체를 통해 입양이 아동을 위한 최선의 복지이자 '선행'인 것처럼 말해 왔고, 그것이 지배적인 시각이 되었다. 과연 당사자들도 그렇게 생각하고 있을까.

입양은 보통 친생부모, 입양아, 입양부모, 이 세 꼭짓점이 이어져야 가능하다. 이 중에서 그동안은 주로 입양부모 목소리를 들을 수 있었다. 입양아를 보통 "가슴으로 낳은 아이"라고 표현하는데 이 표현만 해도 입양부모 마음을 대변하는 것이다.

친생부모나 입양아의 경험과 관점에서 입양은 거의 이야기되지 않았다. 친생부모는 무책임하다고 손가락질을 받거나 아이를 잃고 낙심하는 모성이라는 신파조의 서사를 부여받는 게 전부였다.

이런 통념을 깨기 시작한 것이 해외 입양인들이다. 1990년대에 이들이 해외 입양을 중단하라고, 친생부모 알권리를 보장하라며 목소리를 내기 시작했다. 반면 아주 최근까지도 국내 입양인들의 목소리는 좀처럼 들리지 않았다. 그러다 2019년 국내 입양인 자조 모임이 만들어졌고, 이 모임은 '국내입양인연대'[128]라는 이름으로 활동을 시작했다. 이제 이들의 목소리를 들어 보자.

민영창[129]

민영창은 1970년대 초반 태어나 한 살에 입양되었다. 입양 사실을 비밀에 부친 비공개 입양인이었다. 민씨는 친구들이 부러워할 만큼 사랑을 듬뿍 받으며 행복한 유년 시절을 보냈다. 그러다 중학교 1학년 때 우연한 계기로 자신이 입양되었다는 사실을 알았다. 이후 질문이 시작되었다.

"나는 누구지? 나는 어디서 왔지? 아무도 답해 주지 않는 질문에 스스로 답을 찾아야 했어요. 친어머니가 초등학교 가을 운동회 때 잠시 나를 보러 왔다가 쫓겨났다는 이야기를 기억해 내고, 그 운동회의 모든 장면과 모든 참석자의 얼굴을 기억해 내기 위해 머리를 쥐어짠 적도 있습니다."

민씨는 너무 혼란스러웠다. 고등학교 진학을 포기하고 직업훈련소를 택했다. 공장에서 욕을 얻어먹으며 거칠게 일하다 보니 정체성으로 인한 고통이 누그러졌다. 하지만 한쪽 팔을 잃었다. 입양부모에게 돌아갔다. 다시 공부해서 대학에 갔고, 결혼해 아이도 낳았다. 그런데 아이를 키우면서 자신의 정체성 문제가 다시 수면으로 올라왔다.

"어느 날 어린 셋째의 얼굴을 물끄러미 바라보는데 갑자기 눈물이 터져 멈추지 않는 거예요. 눌러 왔던 내 안의 입양과 관련된 고민들이 폭발한 거죠. 나를 찾아야 했고 나의 흔적을 찾아야 했습니다. 어머니한테서 어렵게 알아낸 조각난 몇 가지 이야기로 내가 태어났다는 동네를 찾았고, 젖은 눈으로 골목 구석구석을 돌아다녔습니다. 도서관을 찾아 태어난 곳의 과거 흑백사진들을 보면서 친생부모의 험난했을 법한 삶을 조금은 이해할 수 있었습니다. 분노의 대상이었던, 얼굴도 모르는 그들이 처음으로 안쓰러웠고, 그것만으로도 큰 위로가 되었습니다."

위로는 받았지만 민씨는 여전히 '나'를 찾지 못했다. 이제는 희망을 내려놓아야 할 때임을 알고 있다. 한국 사회를 향해 이 말은 남긴다.

"출생기록이 왜곡되었거나 존재하지 않는 것이 개인의 삶을 어떻게 바꿀지 아무도 모릅니다. 그렇기 때문에 출생기록의 보존과 유지는 소중합니다. 당연시하는 출생기록을 알지 못하는 누군가는 그 삶이 다할 때까지 자기 존재를 증명하기 위한 싸움을 이어 가야 할 것입니다. (나의) 경험을 통해 나는 모든 아동은 원가정에서 자라는 것이 우선시돼야 하고, 그렇게 할 수 있도록 국가와 사회가 모든 책임을 다해야 한다고 생각합니다."

박씨[130]

박씨는 태어난 지 6개월 무렵 홀트아동복지회에 맡겨졌고, 7개월 때 입양되었다. 서른세 살 때 처음 입양된 사실을 알았다. 부모님이 알려 주었다.

"처음에는 믿을 수가 없었어요. 이게 웬일인가, 이런 건 TV에서나 보던 일인데… 나한테 이런 일이 일어날 수가 없다고 생각했거든요. TV에서 주인공은 이렇게 서 있는데 주변 사람들은 막 지나가고 하는 그런 장면 있잖아요. 저는 그냥 가만히 있고 눈물을 흘리고 있는데 주변에서는 음악이 나오고 사람들이 지나가고 그런 경험을 했었어요. 내가 알던 가족과 친척 모든 분이 한 번에 다 사라져 버리는 것 같은, 세상에 나만 남겨진 것 같은 그런 느낌이 들었죠."

이후 길거리에서 아줌마나 아저씨를 보면 혹시 자신을 낳아 준 부모님이 아닐까 하는 생각마저 들었다. 친생부모를 찾은 이후에는 "그런 에너지를 쓰지 않게 돼 너무 좋았다." 영상을 통해 박씨는 입양에 대한 자신의 생각을 이렇게 전했다.

"'입양은 행복입니다'는 캠페인 문구를 많이 보셨을 겁니다. 그런데 입양되는 아이 입장에서 생각해 보셨나요? 그 아이에게 친생부모와 헤어지는 것은 죽음이고 절망이고 또 분노라고 말씀드리고 싶어요."

이씨

이씨는 초등학교 5학년 때 입양 사실을 알게 되었다.

"옛날에는 뿌리 없이도 잘 살 수 있을 거라고 자신했거든요. 점점 살수록 그게 아니었어요. 꽃다발 같은 거 꽂아 (두면) 잘 돌봐 줘도 못 살잖아요. 저는 1986년도에 태어났는데 1988년도 12월에나 입양이 됐거든요. 그 (빈) 시간 동안 내가 어디서 뭘 했는지 누구의 보살핌을 받았는지 내가 어떻게 해서 여기로 오게 됐는지에 대해서 정보가 없어요. 그게 살아가는 데 있어서 (얼마나) 텅 빈 공허함이나 갈증을 주는지 정말 상상할 수 없을 정도예요. (…) 제가 입양인으로 살아 보니까 입양인이 가장 위로를 받는 순간이 입양부모님이 잘해 주고 이런 것도 너무 행복하지만, 내가 어떻게 잘 버려졌는가에 대해서 아는 순간이에요. 정말 아무렇게나 엄청 금방 빠르게 버려졌는가, 아니면 정말 피치 못하게 아주 어렵게, 어렵게, 간절하지만 어쩔 수 없이 이별을 했는가, 이런 사실을 알았을 때 좀 위로를 많이 받거든요."

이처럼 자신의 기원을 안다는 건 생년월일을 아는 것 이상이다. 입양인이 입양가족 안에서 행복하지 않기 때문에, 입양부모에게 감사하지 않기 때문에 자신의 출생 정보와 친생부모를 알려고 하는 것이 아니다. 자신의 기원을 알려는 것은 인간으로 태어난 이상 누구나 누려야 할 기본권이다.

후기

꾸준히 나오는 뉴스 중 하나가 저출생 관련된 것이다. 정부는 '인구 비상사태'라는 선포까지 해 가면서 저출생 문제 해결을 위해 노력하는 듯 보인다. 하지만 저출생 문제만큼 중요한 것이 태어난 아이들을 잘 키우는 일 아닐까.

우리나라 청소년 자살률이 높다는 건 모두 아는 사실이다. 어느 기자의 지적처럼 "우리 사회는 '이미 태어난 아이'에겐 놀라울 정도로 관심이 적다. 아이가 자라면서 행복한지, 잘못된 관점이나 인성을 배우진 않는지 사회가 고민하지 않는단 의미다. 한 명의 새로운 아이를 태어나게 하는 만큼, 이미 태어난 아이가 행복하게 삶을 이어 가도록 하는 일도 중요하다."[131]

지금까지 나는 '태어난 아이들'이 여러 이유로 태어나자마자 죽거나 버려지거나 원가족을 잃고 살아가는 모습을 들여다보았다. 다른 나라 상황뿐 아니라 우리 현실도 짚었다. 나는 국가가 해야 할 일은 아이들이 최대한 원가족과 살 수 있게 돕는 것이라고 생각한다. 임신 중단을 원하는 임신부라면 안전하게 그렇게 할 수 있게 하고 말이다.

국가는 아이와 행복하게 살 수 있는 환경을 제대로 갖추어 놓지 않은 채 아이를 낳으라고 강요만 할 것이 아니라, 아동의 정체성이 훼손되지 않도록 지켜 주고, 원가족과 살 수 없게 만드는 걸림돌을 먼저 제거해 주어야 한다. 그동안 우리 국가는 어떻게 해 왔나. 아이들을 베이비 박스에 버리거나, 보육시설로 보내거나, 국내외의 '정상 가족'으로 입양 보냄으로써 원가족이 해체되는 것을 방관했다. 여기에 이제 보호출산제까지 더해졌다. 왜 국가는 아이들을 계속 원가족과 분리해 더 낯설고, 먼 곳으로 보내려는 것일까.

이 책을 통해 말하고 싶은 것을 한 문장으로 뽑으라면, 1장에서 인용한 세라 블래퍼 허디의 말이다.

"주변에 새끼 기르는 일을 도와줄 존재가 있는 한, 아주 운이 없는 아이들도 부모가 원하는 아이가 된다."[132]

산모가 아기를 죽이지 않아도 되는 사회, 아기를 두고 떠나지 않아도 되는 사회, 아기가 원가족을 알고 그들과 헤어지지 않아도 되는 사회, 더는 아동의 이산이 없는 사회를 꿈꾼다.

주

1 2006년 서해문집에서 출간했다.

2 2010년 사이언스북스에서 출간했다.

3 세라 블래퍼 허디, 《어머니의 탄생》, 황희선(사이언스북스, 2010), 21쪽.

4 위의 책, 158쪽.

5 위의 책, 550쪽.

6 위의 책, 161쪽.

7 위의 책, 768쪽.

8 위의 책, 585쪽.

9 위의 책, 294쪽.

10 위의 책, 579쪽.

11 위의 책, 30쪽.

12 Cliona Rattigan, 《'What Else Could I Do?': Single Mothers and Infanticide, Ireland 1900-1950》, (Irish Academic Press, 2012), 1쪽.

13 위의 책. 국내에선 번역되지 않았다. 이 책 내용은 필자의 번역이므로 혹시 오류가 있다면 필자 책임이다.

14 위의 책, 1~2쪽.

15 위의 책, 9~14쪽.

16 Mr Raymond Leighton,《Desperate Mothers》, (CreateSpace Independent Publishing Platform, 2012). 국내에서는 번역되지 않았다. 이 책 내용은 필자의 번역이므로 혹시 오류가 있다면 필자 책임이다.

17 위의 책.

18 위의 책, 36쪽.

19 위의 책, 198쪽.

20 위의 책, 197쪽.

21 위의 책, 340쪽.

22 〈여수 영아 살해〉,《동아일보》, 1924년 4월 7일 자. *과거 신문 기사는 의미 전달을 위해 최소한으로 윤문했음을 밝힌다. 다른 기사들에도 동일하게 적용했다.

23 〈의지 없는 여자, 영아를 투강 살해〉,《동아일보》1926년 8월 21일 자.

24 〈극도의 생활난으로 애자愛子를 살해 밀장〉,《조선일보》, 1933년 12월 15일 자.

25 〈영아 살해범〉,《동아일보》, 1955년 11월 10일 자.

26 〈생활난에 영아 살해〉,《조선일보》, 1956년 11월 18일 자.

27 〈갓난아이 살해〉,《조선일보》, 1974년 1월 16일 자.

28 〈범죄행진곡: 사형판결의 4명 수인〉,《조선일보》, 1932년 12월 23일 자.

29 〈살자殺子 처녀 공판, 징역 3년 구형〉,《동아일보》, 1933년 1월 20일 자.

30 〈모녀가 공모, 사생 영아 교살〉,《조선일보》, 1934년 4월 25일 자.

31 〈처녀로 애 나서 압살 유기 탄로〉,《조선일보》, 1937년 11월 4일 자.

32 〈불의의 씨 살해〉,《동아일보》, 1952년 10월 27일 자.

33 〈굶겨 죽인 불륜의 씨 눈 속에 파묻기까지〉,《조선일보》, 1962년 2월 24일 자.

34 〈여아 낳아 변소에 버려〉,《경향신문》, 1981년 7월 27일 자.

35 〈낳은 딸 물통에 넣어 살해 10대 미혼모에 구속 영장〉,《조선일보》, 1990년 8월 21일 자.

36 〈딸이라고 영아 살해〉,《경향신문》, 1965년 7월 5일 자.

37 〈여아 살해 모정 구명운동〉,《조선일보》, 1973년 7월 14일 자.

38 미셸 짐발리스트 로잘도·루이스 램피어,《여성·문화·사회》. 권숙인·김현미 (한길사, 2008), 167쪽.

39 위의 책, 357쪽.

40 위의 책, 187쪽.

41 위의 책, 237쪽.

42 이경자,《이경자, 모계사회를 찾다》. 이룸(2001), 238~239쪽.

43 위의 책, 171쪽.

44 위의 책, 269쪽.

45 위의 책, 229쪽.

46 폴 존슨Paul Johnson,《지식인의 두 얼굴》, 윤철희(을유문화사, 2020).

47 위의 책, 40쪽.

48 위의 책, 41쪽.

49 위의 책, 42쪽.

50 〈Red children and foundling wheels〉, 《Parisian Fields》, 2021년 10월 10일 자.

51 Kharir, Nuurain Mohd, 〈History of Baby Hatches〉, 《OrphanCare》, 2022년 1월 10일 자. *관련 사이트: orphancare.org.my/history-of-baby-hatches

52 위의 기사.

53 폴 존슨, 《지식인의 두 얼굴》, 윤철희(을유문화사, 2020), 44쪽.

54 Kharir, Nuurain Mohd, 〈History of Baby Hatches〉, 《OrphanCare》, 2022년 1월 10일 자. *관련 사이트: orphancare.org.my/history-of-baby-hatches

55 1674년부터 1913까지 재판 기록을 아카이빙한 사이트 〈Proceedings of the Old Bailey〉에 있는 글 'Currency, Coinage and the Cost of Living'을 참고했다. *관련 사이트: www.oldbaileyonline.org/about/coinage

56 정확한 역사적 근거는 찾지 못했지만, 당시 군인 사망률이 높아 국가에 희생한 보상으로 어머니는 일을 하게 하고 아이를 돌봐 준 것이 아닐까 싶다.

57 L. Sherr & J. Mueller & Z. Fox, 〈Abandoned babies in the UK〉, 《Child: care, health and development》, 35(3), 2009, 421쪽.

58 영국에서는 국민이면 누구나 법 제정을 청원할 수 있다. 청원 법안은 6개월 동안 게시되고, 1만 명이 서명하면 정부는 그 법안에 대해 답변할 의무가 있다. 10만 명의 서명을 받은 법안은 의회에 상정되어 토론을 거쳐야 한다. 이 법안의 경우 2016년에 404명, 2017년에는 22명만 서명하는 데 그쳤다. *관련 사이트: petition.parliament.uk/archived/petitions?q=safe+haven+law&state=all&parliament=1

59 Cook, Victoria, 〈Woman campaigns to introduce baby boxes in the UK〉,

《BBC》, 2024년 2월 3일 자.

60 Odumala, Toyin, 〈Implement Safe Haven Baby Boxes in the UK〉, 《Change. org》, 2024년 1월 22일 자.

61 Cook, Victoria, 〈Woman campaigns to introduce baby boxes in the UK〉, 《BBC》, 2024년 2월 3일 자.

62 위의 기사.

63 Drooby, Emily & Allyson Escobar, 〈After 150 Years, The Foundling Continues to Serve〉, 《NET TV》, 2019년 9월 10일 자.

64 The New York Foundling 홈페이지nyfoundling.org를 참고했다.

65 고아 기차에 관한 이후 글은 CBS 특파원 모 로카Mo Rocca의 팟캐스트《모비츄어리스Mobituaries》시즌 2 '에피소드 6'에 실린 모 로카의 인터뷰, 《CBS Sunday Morning》의 1979년과 2002년 고아 기차 탑승자 인터뷰를 참고해 썼다. *관련 사이트: www.mobituaries.com/news/the-podcast/the-orphan-train-death-of-an-experiment

66 〈미국의 고아 열차가 남긴 교훈〉, 《굿모닝충청》, 2024년 2월 10일 자.

67 고아 기차에 관해 더 알고 싶다면 국립 고아 기차 박물관National Orphan Train Complex 홈페이지orphantraindepot.org를 추천한다.

68 Trammell, Rebecca, 〈Orphan Train Myths and Legal Reality〉, 《The Modern American》, 5(2), 3~13쪽.

69 Voller, Anna Claire, 〈More states install drop-off boxes for surrendered babies. Critics say they're a gimmick〉, 《Tampa Bay Times》, 2024년 3월 4일 자.

70 Heyward, Giulia, 〈A newborn was surrendered to Florida's only safe haven baby box, Here's how they work〉, 《NPR》, 2023년 1월 6일 자.

71 〈복지부, 주민번호 없는 2010~2014년생 아동 9,603명 전수 조사한다〉, 《경향신문》, 2023년 10월 24일 자.

72 〈의사·정부 손 놓은 사이…아기는 '물건'처럼 다뤄졌다〉, 《조선일보》, 2024년 2월 21일 자.

73 국가법령정보센터law.go.kr 〈형법〉 참조.

74 〈위기 임신 및 보호출산 지원과 아동 보호에 관한 법률〉[2023.10.31. 제정, 시행 2024.7.19.](이하 보호출산법)

75 〈여성과 아동, 누구도 보호하지 않는 '익명출산제' 논의 중단 요구 기자회견〉, 《보편적출생신고네트워크 보도자료》, 2023년 5월 12일 자.

76 〈위기 미혼모의 마지막 선택지 '베이비 박스'에 무슨 일이?〉, 《맘스커리어》, 2024년 1월 15일 자.

77 〈의사·정부 손 놓은 사이…아기는 '물건'처럼 다뤄졌다〉, 《조선일보》, 2024년 2월 21일 자.

78 〈Saved as a boy in a baby hatch, he's ready to tell his story 15 years later〉, 《Japan News》, 2022년 4월 5일 자.

79 〈실직과 병고로 음독한 청년〉, 《조선일보》, 1939년 1월 20일 자.

80 〈남산육교에서 자살, 폐환 비관한 청년이 투신〉, 《경향신문》, 1962년 9월 14일 자.

81 〈고아 신세가 외로워 18세 소년이 자살〉, 《조선일보》, 1959년 4월 5일 자.

82 〈고아임을 비관자살〉, 《동아일보》, 1961년 3월 5일 자.

83 〈고아 처지 비관 음독한 세 형제〉, 《경향신문》, 1962년 12월 7일 자.

84 〈어머니 그리워 자살〉,《조선일보》, 1971년 5월 9일 자.

85 〈순옥아 미안하다〉,《조선일보》, 1990년 6월 12일 자.

86 〈세상에 홀로 나간 지 8년…27세 예나 씨의 쓸쓸한 죽음[소외된 자립청년]〉,
《중앙일보》, 2024년 5월 7일 자.

87 위의 기사.

88 〈고아에 자치의 길, 당국 직업보도소 설치〉,《동아일보》, 1953년 7월 16일 자.

89 〈'불우소년'에 온정의 손길〉,《동아일보》, 1976년 9월 7일 자.

90 〈부랑아와 연장고아들 정착사업지로 보내〉,《경향신문》, 1962년 5월 7일 자.

91 〈대관령으로 갈 부랑아들 선언−새출발의 뜻 다짐〉,《경향신문》, 1962년 5월
26일 자.

92 〈연장고아 집단이민−땅·주택·농기구·씨앗·식량·옷 일체무상공급〉,《동아
일보》, 1965년 11월 19일 자.

93 〈인력수출 본궤도에−해외개발공사추진 명년에 이민 8천, 기술자 4천5백〉,
《조선일보》, 1965년 12월 1일 자.

94 〈서독광산병원에 잡역부 5천명〉,《동아일보》, 1965년 12월 3일 자.

95 아름다운재단 홈페이지beautifulfund.org/46601를 참고했다.

96 제7조에 따르면, "아동은 국적과 이름을 가질 권리가 있으며, 부모를 알고
부모에 의해 양육받을 권리가 있다."

97 권희정,《미혼모의 탄생: 추방된 어머니의 역사》, 안토니아스(2019), 29쪽 재
인용.

98 〈실종 8개월 된 어린이 스웨덴 입양 밝혀져〉,《동아일보》, 1975년 10월 6일
자. * 김탁운이 아니라 김탁은으로 표기한 언론사도 있다.

99 〈말과 다른 사회 정의-미숙아 취학과 고아 입양 문제에서 〉,《조선일보》,
1975년 3월 22일 자.

100 위 기사.

101 〈김탁은 군 서전(스웨덴) 입양, 인권런서 진상조사〉,《조선일보》, 1975년 10
월 8일 자.

102 정미화 이야기는 〈안타까운 부정 "어른 무성의로 이미 미국 입양"-유괴된
딸 추적 1년 3개월〉,《동아일보》, 1979년 5월 16일 자를 참고해 썼다.

103 서대영 이야기는 〈미 교포 할머니, 모국 방문 때 잃어버린 손자 찾고 보니
미국 가정에 입양-3년 전 국내 알선기관서 신원 확인 않고 보내〉,《동아일
보》, 1986년 9월 24일 자를 참고해 썼다.

104 〈진실화해위, 조작된 해외 입양의 진실 밝힌다〉,《주간조선》, 2023년 5월 8
일 자.

105 〈프랑스서 인기 끄는 어린이 입양 실태, '한국 고아가 더 좋아'〉,《동아일
보》, 1972년 5월 12일 자.

106 〈[반세기 전엔]《동아일보》로 본 6월 셋째 주〉,《동아일보》, 2004년 6월 13
일 자.

107 보건사회부, 〈입양사업개선대책 국무회의 보고〉, 1975년 10월 7일.

108 〈알선 경쟁이 문제-수수료 노려 '친권 포기' 권장 우려〉,《동아일보》, 1982
년 3월 9일 자.

109 〈'아기 수출' 오명 씻을 수 없나-입양기관서 대상 확보 위해 경쟁 미혼모
예방·모자복지정책 시급〉,《한겨레》, 1989년 2월 10일 자.

110 〈고아 아닌 고아 '기아'-한국 아기 입양 경쟁…미선 100 대 1〉,《조선일

보》, 1989년 2월 12일 자.

111 〈입양 알선 '영리 목적' 버려라 – 해외 수출 4단체 수익 연 30억이라니…〉, 《동아일보》, 1989년 11월 3일 자.

112 Rothschild, Matthew, 〈Babies for Sale, South Korea Make Them, Americans Buy Them〉, 《The Progressive》, 1988년 1월 호.

113 Chira, Susan, 〈Babies for Export: And Now the Painful Questions〉, 《The New York Times》, 1988년 4월 21일 자.

114 〈'아기 수출' 오명 씻을 수 없나 – 입양기관서 대상 확보 위해 경쟁 미혼모 예방·모자복지정책 시급〉, 《한겨레》, 1989년 2월 10일 자.

115 정남 이야기는 〈해외 입양, 다섯 살 한국 고아 스위스서 투신 소동〉, 《조선일보》, 1974년 12월 29일 자를 참고해 썼다.

116 김신동 이야기는 〈어느 재미 소년의 비극 – 환경 적응 못한 채 범죄 수렁서 자살〉, 《동아일보》, 1978년 5월 2일 자를 참고해 썼다.

117 신경하 이야기는 〈꽃신을 신고 사라진 아이〉, 《MBC 실화탐사대》, 2019년 11월 6일 자 방송을 참고해 썼다.

118 김씨 이야기는 《한국일보》 기획 연재 기사 〈있지만 없는 사람들, 무국적자: 39세 이상 입양인도 시민권 주는 법안, 美 의회서 '4수' 도전〉 2021년 10월 28일 자를 참고해 썼다.

119 김상필 이야기는 〈그의 집은 어디였을까…한 40대 입양인의 귀향〉, 《SBS 뉴스》, 2017년 7월 18일 자 방송과 〈추방자들: 살아서 쫓겨난 나라로 죽어서 돌아간 남자〉, 《한겨레》, 2017년 7월 15일 자를 참고해 썼다.

120 〈있지만 없는 사람들, 무국적자: 39세 이상 입양인도 시민권 주는 법안, 美

의회서 '4수' 도전〉, 《한국일보》, 2021년 10월 28일 자.

121 스웨덴 보건사회부 산하의 행정기관이다. 주 업무는 국외에서 스웨덴으로 아이들을 입양시키는 기관들을 조사·감독하는 것이다. *오경한·양동민·김건, 〈국외 입양기관 온라인 사후서비스 정보제공 사례를 통한 국내 이용자 정보제공 제안연구〉, 《디지털문화아카이브지》, 7(1), 301쪽을 참고했다.

122 〈성인이 된 해외 입양인 자살률 2배, 정신병원 입원율 2배〉, 《프레시안》 2022년 6월 15일 자.

123 〈"한국도 양부모도 우릴 버렸다"…국외 입양인 5명의 '팔린 삶'〉, 《한겨레》, 2023년 4월 29일 자.

124 〈해외 입양인 자살하는데…이낙연, "입양기관에 감사 편지 보내라"〉, 《세계일보》, 2017년 8월 30일 자.

125 배성곤 이야기는 〈"아내 덕분에 美 무명용사도, 저도 집으로 돌아가는 중입니다"〉, 《조선일보》, 2024년 6월 17일 자와 〈입양아 출신 인류학자 "나의 한국인 뿌리 찾기는 운명"〉, 《동아일보》, 2016년 8월 24일 자 그리고 〈미 입양 한인 인류학자 "내 뿌리에 대한 물음, 인류학자 꿈으로 이어졌어요"〉, 《조선비즈》, 2024년 1월 30일 자를 참고해 썼다.

126 기무라 별 르꽌 이야기는 기무라가 《일다》, 2018년 10월 16일 자에 쓴 글 〈내 이름은 "키무라 별"입니다〉를 참고해 썼다.

127 서류상의 나이고, 실제 나이는 세 살이 더 어리다고 한다.

128 국내입양인연대 홈페이지 kradoptee.modoo.at

129 민영창 이야기는 민영창이 《프레시안》, 2021년 9월 8일 자에 쓴 〈지워진 친생부모의 존재, 나는 '비밀 입양인'입니다〉를 참고해 썼다.

130 박씨와 이씨 이야기는 유튜브 〈뿌리를 찾습니다〉 영상을 참고해 썼다. * 관련 사이트: www.youtube.com/embed/x8y3ebgGjPo

131 〈아이를 무작정 '공급'하라고? [슬기로운 기자생활]〉, 《한겨레》, 2024년 9월 12일 자.

132 세라 블래퍼 허디, 《어머니의 탄생》, 황희선(사이언스북스, 2010), 585쪽.

참고문헌

책

권희정,《미혼모의 탄생: 추방된 어머니의 역사》, 안토니아스(2019).

미셸 짐발리스트 로잘도·루이스 램피어,《여성·문화·사회》, 권숙인·김현미(한길사, 2008).

세라 블래퍼 허디,《어머니의 탄생》, 황희선(사이언스북스, 2010).

——,《여성은 진화하지 않았다》, 유병선(서해문집, 2006).

이경자,《이경자, 모계사회를 찾다》, 이룸(2001).

폴 존슨Paul Johnson,《지식인의 두 얼굴》, 윤철희(을유문화사, 2020).

Cliona Rattigan,《'What Else Could I Do?': Single Mothers and Infanticide, Ireland 1900-1950》, (Irish Academic Press, 2012).

Mr Raymond Leighton,《Desperate Mothers》, (CreateSpace Independent Publishing Platform, 2012).

기사

〈갓난아이 살해〉,《조선일보》, 1974년 1월 16일 자.

〈고아 신세가 외로워 18세 소년이 자살〉,《조선일보》, 1959년 4월 5일 자.

〈고아 아닌 고아 '기아' – 한국 아기 입양 경쟁…미선 100 대 1〉,《조선일보》,
1989년 2월 12일 자.

〈고아 처지 비관 음독한 세 형제〉,《경향신문》, 1962년 12월 7일 자.

〈고아에 자치의 길, 당국 직업보도소 설치〉,《동아일보》, 1953년 7월 16일 자.

〈고아임을 비관자살〉,《동아일보》, 1961년 3월 5일 자.

〈굶겨 죽인 불륜의 씨 눈 속에 파묻기까지〉,《조선일보》, 1962년 2월 24일 자.

〈그의 집은 어디였을까…한 40대 입양인의 귀향〉,《SBS 뉴스》, 2017년 7월 18
일 자 방송.

〈극도의 생활난으로 애자愛子를 살해 밀장〉,《조선일보》, 1933년 12월 15일 자.

김탁운 이야기는 〈실종 8개월 된 어린이 스웨덴 입양 밝혀져〉,《동아일보》,
1975년 10월 6일 자와 〈김탁은 군 서전(스웨덴) 입양, 인권런서 진상조사〉,
《조선일보》, 1975년 10월 8일 자 기사를 참고해 썼다.

〈꽃신을 신고 사라진 아이〉,《MBC 실화탐사대》, 2019년 11월 6일 자 방송.

〈남산육교에서 자살, 폐환 비관한 청년이 투신〉,《경향신문》, 1962년 9월 14
일 자.

〈낳은 딸 물통에 넣어 살해 10대 미혼모에 구속 영장〉,《조선일보》, 1990년 8월
21일 자.

〈내 이름은 "키무라 별"입니다〉,《일다》, 2018년 10월 16일 자.

〈대관령으로 갈 부랑아들 선언-새출발의 뜻 다짐〉, 《경향신문》, 1962년 5월 26일 자.

〈딸이라고 영아 살해〉, 《경향신문》, 1965년 7월 5일 자.

〈말과 다른 사회 정의-미숙아 취학과 고아 입양 문제에서 〉, 《조선일보》, 1975년 3월 22일 자.

〈모녀가 공모, 사생 영아 교살〉, 《조선일보》, 1934년 4월 25일 자.

〈미 입양 한인 인류학자 "내 뿌리에 대한 물음, 인류학자 꿈으로 이어졌어요"〉, 《오마이뉴스》, 2024년 1월 30일 자.

〈[반세기 전엔] 《동아일보》로 본 6월 셋째 주〉, 《동아일보》, 2004년 6월 13일 자.

〈범죄행진곡: 사형판결의 4명 수인〉, 《조선일보》, 1932년 12월 23일 자.

보건사회부, 〈입양사업개선대책 국무회의 보고〉, 1975년 10월 7일.

〈복지부, 주민번호 없는 2010~2014년생 아동 9,603명 전수 조사한다〉, 《경향신문》, 2023년 10월 24일 자.

〈부랑아와 연장고아들 정착사업지로 보내〉, 《경향신문》, 1962년 5월 7일 자.

〈불의의 씨 살해〉, 《동아일보》, 1952년 10월 27일 자.

〈살자殺子 처녀 공판, 징역 3년 구형〉, 《동아일보》 1933년 1월 20일 자.

〈생활난에 영아 살해〉, 《조선일보》, 1956년 11월 18일 자.

서대영 이야기는 〈미 교포 할머니, 모국 방문 때 잃어버린 손자 찾고 보니 미국 가정에 입양-3년 전 국내 알선기관서 신원 확인 않고 보내〉, 《동아일보》, 1986년 9월 24일 자를 참고해 썼다.

〈서독광산병원에 잡역부 5천명〉, 《동아일보》, 1965년 12월 3일 자.

〈성인이 된 해외 입양인 자살률 2배, 정신병원 입원율 2배〉, 《프레시안》 2022년

6월 15일 자.

〈세상에 홀로 나간 지 8년…27세 예나 씨의 쓸쓸한 죽음[소외된 자립청년]〉, 《중
앙일보》, 2024년 5월 7일 자.

〈순옥아 미안하다〉, 《조선일보》, 1990년 6월 12일 자.

〈실직과 병고로 음독한 청년〉, 《조선일보》, 1939년 1월 20일 자.

〈'아기 수출' 오명 씻을 수 없나—입양기관서 대상 확보 위해 경쟁 미혼모 예
방·모자복지정책 시급〉, 《한겨레》, 1989년 2월 10일 자.

〈"아내 덕분에 美 무명용사도, 저도 집으로 돌아가는 중입니다"〉, 《조선일보》,
2024년 6월 17일 자.

〈아이를 무작정 '공급'하라고? [슬기로운 기자생활]〉, 《한겨레》, 2024년 9월 12일
자.

〈알선 경쟁이 문제—수수료 노려 '친권 포기' 권장 우려〉, 《동아일보》, 1982년 3
월 9일 자.

〈어느 재미 소년의 비극—환경 적응 못한 채 범죄 수렁서 자살〉, 《동아일보》,
1978년 5월 2일 자.

〈어머니 그리워 자살〉, 《조선일보》, 1971년 5월 9일 자.

〈여성과 아동, 누구도 보호하지 않는 '익명출산제' 논의 중단 요구 기자회견〉,
《보편적출생신고네트워크 보도자료》, 2023년 5월 12일 자.

〈여수 영아 살해〉, 《동아일보》, 1924년 4월 7일 자.

〈여아 낳아 변소에 버려〉, 《경향신문》 1981년 7월 27일 자.

〈여아 살해 모정 구명운동〉, 《조선일보》, 1973년 7월 14일 자.

〈연장고아 집단이민—땅·주택·농기구·씨앗·식량·옷 일체무상공급〉, 《동아일

보》, 1965년 11월 19일 자.

〈영아 살해 시 최대 '사형'…70년 만에 법 개정〉, 《KBS 뉴스》, 2023년 7월 19일 자.

〈영아 살해법〉, 《동아일보》, 1955년 11월 10일 자.

〈위기 미혼모의 마지막 선택지 '베이비 박스'에 무슨 일이?〉, 《맘스커리어》, 2024년 1월 15일 자.

〈의사·정부 손 놓은 사이…아기는 '물건'처럼 다뤄졌다〉, 《조선일보》, 2024년 2월 21일 자.

〈의지 없는 여자, 영아를 투강 살해〉, 《동아일보》, 1926년 8월 21일 자.

〈인력수출 본궤도에 – 해외개발공사추진 명년에 이민 8천, 기술자 4천5백〉, 《조선일보》, 1965년 12월 1일 자.

〈입양 알선 '영리 목적' 버려라 – 해외 수출 4단체 수익 연 30억이라니…〉, 《동아일보》, 1989년 11월 3일 자.

〈입양아 출신 인류학자 "나의 한국인 뿌리 찾기는 운명"〉, 《동아일보》, 2016년 8월 24일 자.

〈있지만 없는 사람들, 무국적자: 39세 이상 입양인도 시민권 주는 법안, 美의회서 '4수' 도전〉, 《한국일보》, 2021년 10월 28일 자.

정미화 이야기는 〈안타까운 부정 "어른 무성의로 이미 미국 입양" – 유괴된 딸 추적 1년 3개월〉, 《동아일보》, 1979년 5월 16일 자를 참고해 썼다.

〈지워진 친생부모의 존재, 나는 '비밀 입양인'입니다〉, 《프레시안》, 2021년 9월 8일 자.

〈진실화해위, 조작된 해외 입양의 진실 밝힌다〉, 《주간조선》, 2023년 5월 8일 자.

〈처녀로 애 나서 압살 유기 탄로〉,《조선일보》, 1937년 11월 4일 자.

〈추방자들: 살아서 쫓겨난 나라로 죽어서 돌아간 남자〉,《한겨레》, 2017년 7월 15일 자.

〈프랑스서 인기 끄는 어린이 입양 실태, '한국 고아가 더 좋아'〉,《동아일보》, 1972년 5월 12일 자.

〈"한국도 양부모도 우릴 버렸다"…국외 입양인 5명의 '팔린 삶'〉,《한겨레》, 2023년 4월 29일 자.

〈해외 입양, 다섯 살 한국 고아 스위스서 투신 소동〉,《조선일보》, 1974년 12월 29일 자.

〈해외 입양인 자살하는데…이낙연, "입양기관에 감사 편지 보내라"〉,《세계일보》, 2017년 8월 30일 자.

'Currency, Coinage and the Cost of Living', 〈Proceedings of the Old Bailey〉.

Chira, Susan, 〈Babies for Export: And Now the Painful Questions〉,《The New York Times》, 1988년 4월 21일 자.

Cook, Victoria, 〈Woman campaigns to introduce baby boxes in the UK〉,《BBC》, 2024년 2월 3일 자.

Drooby, Emily & Allyson Escobar, 〈After 150 Years, The Foundling Continues to Serve〉,《NET TV》, 2019년 9월 10일 자.

Heyward, Giulia, 〈A newborn was surrendered to Florida's only safe haven baby box. Here's how they work〉,《NPR》, 2023년 1월 6일 자.

Kharir, Nuurain Mohd, 〈History of Baby Hatches〉,《OrphanCare》, 2022년 1월

10일 자.

L. Sherr & J. Mueller & Z. Fox, 〈Abandoned babies in the UK〉, 《Child: care, health and development》, 35(3), 2009, 421쪽.

Odumala, Toyin, 〈Implement Safe Haven Baby Boxes in the UK〉, 《Change. org》, 2024년 1월 22일 자.

〈Red children and foundling wheels〉, 《Parisian Fields》, 2021년 10월 10일 자.

Rothschild, Matthew, 〈Babies for Sale, South Korea Make Them, Americans Buy Them〉, 《The Progressive》, 1988년 1월 호.

〈Saved as a boy in a baby hatch, he's ready to tell his story 15 years later〉, 《Japan News》, 2022년 4월 5일 자.

Trammell, Rebecca, 〈Orphan Train Myths and Legal Reality〉, 《The Modern American》, 5(2), 2009.

Voller, Anna Claire, 〈More states install drop-off boxes for surrendered babies. Critics say they're a gimmick〉, 《Tampa Bay Times》, 2024년 3월 4일 자.

웹사이트

www.mobituaries.com/news/the-podcast/the-orphan-train-death-of-an-experiment

orphantraindepot.org

국내입양인연대 홈페이지|kradoptee.modoo.at

www.youtube.com/embed/x8y3ebgGjPo

이미지 출처

24쪽: 위키미디어 커먼즈

41쪽: 위키미디어 커먼즈

50쪽: 위키미디어 커먼즈

56쪽: 런던 유기 영아 박물관 홈페이지 foundlingmuseum.org.uk

66쪽: icantbelieveitsnonfiction.com

148쪽: 《동아일보》, 1986년 9월 24일 자

155쪽: 《조선일보》, 1974년 12월 29일 자

175쪽: 기무라 별 르꽌

이것은 사라진 아이들에 대한 기록이다

초판 1쇄 발행 2024년 12월 10일

지은이 | 권희정
펴낸곳 | (주)태학사
등록 | 제406-2020-000008호
주소 | 경기도 파주시 광인사길 217
전화 | 031-955-7580
전송 | 031-955-0910
전자우편 | thspub@daum.net
홈페이지 | www.thaehaksa.com

편집 | 조윤형 여미숙 김태훈
마케팅 | 김일신
경영지원 | 김영지

ⓒ 권희정 2024. Printed in Korea.

값 17,000원
ISBN 979-11-6810-323-8 03300

도서출판 날은 (주)태학사의 인문 · 에세이 브랜드입니다.

책임편집 여미숙
디자인 이유나